あなたの才能があなたを苦しめる

大嶋信頼
Oshima Nobuyori

すばる舎

はじめに

　これまで何冊も本を書いてきましたが、読者の方からレビューやお便りをいただくたびに、「こんな感想を書けるなんて、嫉妬されちゃうよな〜」と思うのです。

　私が意図していなかった深い部分まで言い当てられてしまったりして、読者の方の洞察力に驚いてしまいます。

　しかし、世の中は世知がらいもので、こういった知能や才能があればあるほど、周りから足を引っ張られます。

　読者の方の中には、私がこれまで書いた本を読んで、せっかく嫉妬の渦から抜け出したと思ったのに、輝き始めた能力に周りが嫉妬して、あからさまに嫌がらせをしてきたりするので、もうどうしたらいいのかわからないという方も数多くいます。

　才能がある人の行く手を阻むもの。そのひとつに謙虚さがあります。

　目を閉じると、私の頭の中に、平家物語の「おごれる人も久しからず、ただ春の夜の夢のごとし」という言葉がいつも湧いてきます。

「傲慢になってはいけない、だから謙虚でいなければ」とこれまで生きてきました。

でも、30代後半になって、「あれ？　謙虚に、と思って生きてきたけど自分には何もないじゃん！」とびっくりします。何にもしないでこのまま人生が終わってしまう！と思ったときに、「なんで？」と自分の中で疑問が湧いてきたのです。

謙虚でつつましく生きていたら何かいいことがあるはず、とずっと信じていたけれど、何も自分の才能を発揮することができていないし、何が自分の才能なのかもわからない。

人からバカにされて蔑まれても、歯を食いしばりながら、「今に見ていろ俺だって」という昔のコマーシャルの言葉を、ずっと心の中でつぶやいてきました。

「このまま自分は、何も自分の才能を見つけられないで終わってしまうのか？」という虚しさを感じていました。

あるとき、カウンセリングをしていて、「あ、この方、すごい才能持っているのに、この人自身がちっとも自分の才能のことを認められないんだ」と思ったことがありました。

そのとき、「もしかして、私自身が自分の才能を認めていないから、この方も自分を認められないのかもしれない！」と思い立ちました。

後ほどくわしく書きますが、人間の脳の細胞には注目した人の脳の動きを感じ取って、無意識のうちにまねしてしまうという特徴があるからです。

「それなら、まずは自分の才能を認めてみよう」と思い、自分の才能を探し始めます。

すると、「不吉なことばかり考える想像力」とか「相手の気持ちをリアルに感じ取ってしまう敏感さ」など、私のガラクタみたいな才能ばかりが浮かんできます。

しかも、この不吉なことを考える想像力のせいで、ビビッてしまって、ことごとくチャンスを逃してきていたし、人の気持ちに対する敏感さのせいで、いつも人に振り回されて損な役回りばかりやらされていたのです。

しかし、あるとき、「あ！　私自身の才能で私は苦しめられていたんだ！」ということがわかりました。そうしたら、私が「この人すごい才能を持っているのに」とうらやましく思ったあの方も、その才能に苦しめられているから、使えなかったんだ！

ということが見えてきます。

そして、「あの人も、あんなにもすごい才能を持っていたから、その才能に苦しめられていたんだ！」ということがわかってきました。

私は自分はまったく才能がない、とこれまで思ってきたけれど、実はそれは間違っていて、才能があればあるほど、その才能に苦しめられるんだと気づきました。

才能になぜ苦しめられるようになるのかというと、才能があればあるほど嫉妬されて周囲から攻撃され、足を引っ張られるから。

才能を発揮しようとすると、周囲から足を引っ張られる、ということを何度も繰り返しているうちに、「自分の才能によって苦しめられている」と、自分の才能を嫌うようになってしまうのです。

クライアントさんのことだったら、「才能に嫉妬されて潰されてきたのね」とクリアにわかるのですが、自分自身の場合は「自分が不器用でダメ人間だから、みんなから嫌われて蔑まれる」と思っていました。

そんな私が「私も才能に嫉妬されて、これまで足を引っ張られてきた」と認めたときに、子どもの頃の自分が見たらびっくりするようなことを、次から次へとやれるように変わっていったのです。

才能があると他人から嫉妬される、という仕組みを理解していくうちに、どんどん自由になって、自分の力をフルに使ってやりたいことが次から次へとできるようになります。でも、自分のやりたいことをやりたいようにやればやるほど、人からの嫉妬も強くなり、「今まではこの嫉妬の攻撃でつぶされてきたんだ」とよくわかるようになってきます。

この本を手に取ってくださったほとんどの方は、ものすごい才能を持っていらっしゃる。そして、私と同じようにその才能に嫉妬されて、これまでの人生で大変な目にあってきて、自分がやりたいことを自由にやらせてもらえなかったのではないかと思います。

「嫉妬に関する本」(『消したくても消せない嫉妬・劣等感を一瞬で消す方法』すばる

舎刊）を書いてから、みなさんの脳とつながってさらに新しいことが見えてきました。

そして、「あの本を読んでも何も解決しない！」という方々のためのさらなる奥深い仕組みもわかってきたので、この本に書かせていただきました。


私は、原稿を書くときに、「ナラティブセラピー」を基本にしています。

「ナラティブ」とは「物語」のこと。ナラティブセラピーとは、クライアントさんが語る人生をひとつの物語として受けとめて、一緒にその物語を美しく書き換えると、症状が改善するだけでなく、人生観なども幅広く変わっていく、という心理療法です。

そう、子どもの頃に読んでもらった「物語」が今でも私の心に残っていて、時々、物語が私を「こっちの方向だよ！」と人生に迷っているときに導いてくれる。

医学的な実験や研究は、どんどんアップデートされていくので、そのときは常識であったとしても、時間が経てば非常識になっていたりします。

でも、物語だけは、いつまでも変わらずに私たちの心の中に優しく流れ続けていて、いつまでも私たちを助けてくれます。

また、その「物語」という言葉のメタファーの中にも、「周囲からの嫉妬を受けにくくする効果」が隠されているのです。

この本の第5章に書かれているQ＆Aに対する回答の仕方も、実はすべてナラティブセラピーの手法を使っています。

なぜなら、嫉妬から自由になって、これまで苦しめられていた才能を自由に発揮するコツが「物語」の中に隠されているからです。

そのことを意識的にわかる人もいるかもしれませんが、わからなくても無意識が物語の中からヒントをちゃんと受け取って、私たちを助けてくれる。

読むだけで、無意識のうちに周囲の嫉妬から自由になって、私たちの才能が味方になってくれるのです。

大嶋信頼

contents

第2章 嫉妬の攻撃をはねのける！

第3章

人は「発作」でうそをつく

第4章

「自己免疫」を整えて、迷惑な人を寄せつけない！

第5章 才能あふれる人たち（読者Q&A）

カバーデザイン●小口翔平＋喜來詩織（tobufune）
本文デザイン●二ノ宮匡
イラスト●森下えみこ
編集担当●林えり（すばる舎）

第1章

欠点は最大の長所!?

1

嫉妬を恐れて、自分の才能を「なかったこと」に

デキる部下ほど上司に潰される

私は「自分に才能がある」と思ったことはありません。

いや、「才能があると思ったことがない」と言ったらウソになるかもしれません。

正直に言うと、自分にはまだ誰も気づいていないような素晴らしい才能があって、それはまだ開花していないだけ、と思っていたことはあります。

でも、それはあくまで自分の想像の世界であって、ちっとも現実にならないことは知っていたし、「自分には隠れた才能がある」と思うこと自体が「ウソつきである」という自覚がありました。

何もできないのに、いつも何かできるふりをしているウソつきな自分。

そして、結局ウソがばれて、みんなからバカにされ、嫌われることを繰り返してきたので、「自分は才能の欠片もない」と本気で思っていました。


しかし、カウンセリングの仕事をしていると、すごい才能を持っているのに、私と同じように「自分には才能がまったくない」と本気で思い込んでいるクライアントさんにたくさん出会います。

そんな方にたくさんお会いしているうちに、**「才能がある人ほど、周りに足を引っ張られて才能を潰されている」**ということが見えてきました。

わかりやすい例が、ものすごく仕事の才能がある人が、上司から仕事をちっとも認めてもらえないせいで、抑うつ気分になり、仕事ができなくなるケースです。

周りから才能を認められて期待されていたのに、上司がその才能に嫉妬して潰しにかかる。

才能があるせいで、周囲から足を引っ張られることは日常茶飯事です。

そして嫉妬された側は、才能のせいで不快な思いをするので、無意識のうちに自分の才能はなかったことにします。

「え？　嫉妬されるから、というだけで才能がなかったことになんかしないでしょう。才能があるなら、それを堂々と使えばいいでしょ」と思いますよね。

でも、**才能があればあるほど周囲に足を引っ張られるので、自動的にそれをないものにしたくなる**のです。

美しいのに「自分は醜い」と思ってしまう

あるクライアントの女性は、容姿が美しいにもかかわらず、「私は醜いんです！」と真剣に主張します。彼女は容姿にまったく自信がなくて、「自分はブサイク」と思っていました。

この女性は、実は子どもの頃から「容姿」という才能で足を引っ張られてきたため、気づかないうちに、「自分の美しい容姿はなかったこと」にしてしまっていたのです。

容姿のせいで、足を引っ張られるのが不快だから、「自分は醜い」と頭の中で自動的に変換していました。

その女性は、子どもの頃、「みんなと同じかわいい服を着たい」と母親におねだりしたのに、逆に「ものすごくみっともない服を着させられた」という足の引っ張られ方をしていました。

さらに、女性の母親は「あなたは髪型が変」とか「○○ちゃんのほうが可愛い」という形で、女性の足を引っ張っていました。

この女性の話を聞きながら、かつて私も自分の母親に「顔が汚い」とか「歯並びが悪い」と言われていたことを思い出していました。

私は鏡を見るのが嫌だったのですが、そのきっかけが母親のひとことだった、と気づいたのです。

自信がない人、才能がまったくない、と思い込んでしまっている人ほど、本当は才能の塊だったりします。 その才能のせいで、周りから足を引っ張られてしまっているのです。

周りから足を引っ張られると、才能を気づかないうちに隠してしまい、自信がなくなってしまいます。だからこそ、自信のないところに自分の才能が埋まっている可能性が高いのです。

埋まっている才能が、周りの嫉妬を刺激してしまう。

だから、才能を「埋まったまま」にして、それを掘り起こしたくない自分がここにいました。

その才能を掘り起こしてしまうと、周りから足を引っ張られて苦しめられることがわかっているから、「自信も才能もないダメな私」にしておきたい。

でも、埋まってしまっている才能をそのままにしていたら、いつまでたっても本来の自分らしく生きることができないのです。

2

「想像力の豊かさ」を認めよう

「足を引っ張られている」のは妄想ではない！

才能があるせいで、足を引っ張られてしまう人は、「私に才能があるなんて思えな〜い！」と、かまととぶっています。

なぜなら、才能があると認めてしまったら、足を引っ張られるのがわかっているから。才能がないことにしなければ大変なことになる、という不安から、人前では否定してしまうのです。

そして、「私が足を引っ張られているなんて想像もできな〜い！」とぶりっ子をする。「私にはそんな足を引っ張られる才能もないし」というのも同じで、「才能を認めてしまったら、本格的に足を引っ張られる」と思っているから。

しかし、実際は才能を隠したら、よけい足を引っ張られます。

その仕組みがわからないから、「才能を認めたら、足を引っ張られるにちがいない」と思い、才能を隠してしまうのです。


人から足を引っ張られる人は、「想像力がものすごく豊か」という特徴があります。

普通の人は「自分の才能のせいで、足を引っ張られている」という想像はできません。自分が何か悪いことをしたのかな、相手は不機嫌なのかな、と思うだけ。

才能豊かな人は、「自分の才能が発揮されると、他人から足を引っ張られるかもしれない」と想像してしまい、その想像した通りに相手から足を引っ張られて、ものすごく嫌な目に合います。

「足を引っ張られているというのは、単なる私の想像で思い込みなのでは?」と思う一方で、実際に相手から不快なことをされるので、「もしかしたら思い込みではないのかも?」といつも心が揺れ動きます。

すると、想像力がさらに働いて、「才能を隠さなきゃ」と思い、ますます足を引っ張られるような状況をつくり出してしまう。

そうなんです。

想像力が豊かな人ほど足を引っ張られてしまうのです。

でも、それは**「想像力の豊かさを認めないから、足を引っ張られる」**という仕組みになっています。

想像力の豊かさを認めないと、能力を隠していて「謙虚」に振る舞っている、と相手から受け取られてしまいます。だから相手の脳内で嫉妬の発作が起きる。

嫉妬の発作は「自分よりも優れた才能を持っているのに、自分よりも立場が下（謙虚）」という条件で起きます。

「才能をちゃんと認めたほうが、実は足を引っ張られない」という仕組みを知ったときに、ぶりっ子仮面をかぶった自分は、実はちゃんと自分の才能を知っていたんだ、という事実に気づくのです。

他人におびえる必要がなくなる

自分の「想像力の豊かさ」を認めると、他人から足を引っ張られることがなくなり、自由に想像力と才能を発揮できるようになります。

「想像力の豊かさ」を認める方法はいたって簡単で、自分の想像力を決して否定しなければいいだけ。「あの人は私の才能に嫉妬して足を引っ張っているのかもしれない」と想像したら、その想像力の豊かさをちゃんと見てあげます。

自分の才能も想像力も否定しないで見てみると、想像力の触手は足を引っ張ってくる人の方向に伸びていきます。

「この人はなぜ足を引っ張ってくるのか？」というところまで想像力の手が伸びていき、「なるほど！　あの人は孤独だから、私に置いていかれないように足を引っ張っているんだ！」ということが見えてきます。

想像を「私の勘違いかもしれない」と否定していたときは、その想像力の触手が相

手まで伸びていかないので、相手のことがよくわからず、「わからない相手はモンスター」と思って、恐怖の対象になります。

モンスターに対しては、「ひたすら自分の存在を隠して相手が過ぎ去るのを待つしかない」という受け身な態度にしかなりません。

ところが、ちゃんと想像力の豊かさを認めて、その手が相手に伸びていったときに、**「相手も同じ人間で、孤独におびえているだけなんだ」**という相手の本当の姿が見えてきます。

そして、「相手は恐れる対象ではない」ということがわかり、自分の才能も想像力も隠す必要がなくなります。

　自分の想像力の豊かさを認め、自由にその力が働くままにしてあげると、その想像力はしっかりと相手の本当の姿を把握してくれて、「足を引っ張られる恐怖」から解放してくれるのです。

「あれ？　想像力って相手に対する恐怖を生み出していたんじゃないの？」と、矛盾を感じるのですが、それは「自分の想像力の豊かさをちゃんと認めてあげていなくて、中途半端になっていた」ことが原因。

　豊かな想像力を認めて、その想像力が働くままにすれば、相手におびえる必要がなくなります。

　すると、才能があればあるほど足を引っ張られる、という悪夢のような現実から抜け出すことができるのです。

3

「怒り」は行動を生み出すエネルギー

冗談を受け流せずにブチギレ

私は昔から、自分は欠点だらけで、「才能」からかけ離れていると思っていました。

しかし、カウンセリングの仕事をするうちに、**その人の「欠点」こそが才能の可能性があると**気づいたのです。


私は子どもの頃からすごく泣き虫で、いじめっ子からからかわれると、すぐに泣いて怒るので、「ほら！　また怒った！」とバカにされていました。

母親もそんな私をかばうどころか、追い討ちをかけるように、「すぐあんたは怒る！

そんなことじゃ将来犯罪者になるよ！」と言うので、「ぼくは警察に捕まってしまうような人間になるんだ」とひどくおびえていました。

人のちょっとした言葉ですぐに不安になっておびえて、怒ってしまう。

私は人の言葉を真に受けてしまうので、冗談だと受け流せずにすぐキレてしまいます。感情的になるとすぐに友だち関係を切るので、親や友だちからは、「お前はそうやってすぐに何でも投げ出して逃げてしまうダメ人間」と言われていました。

大人になっても友だちをつくれず、何も成し遂げることができなくて、「このままダメ人間のままで生き続けるのか」と悲観的な考え方しかできませんでした。

このような話を聞くと、一般的にこういうタイプの人は、自信がないから人の話を真に受けて、自分のことがよくわからなくなってしまい、周りの人からの暗示でどんどんダメ人間になる、という不安で苦しんでいるのでは、と思うわけです。

そして、他人の暗示通りに怒っているのでは、と思うかもしれません。

しかし、実は、この「怒る」という行動も、ある種の才能の裏返しだったりするのです。

「怒りがなければ想像力は働かない」

以前病院に勤めていたときのことです。

新しい病院を立ち上げるための会議で、院長先生が「何か新しい病院に導入したほうがいいことはありますか？」と出席者に質問します。

すると、隣に座っていた頭がよさそうなイケメン男性が、「いや、利用者さんもスタッフも混乱させないように今のままのほうがいいでしょう」と言います。

私は、そのイケメンの保守的な発言になんだかイライラして、「以前の2階建てのクリニックとはちがって、10階建てのビルになるんだし、どの階からでも患者さんの情報を閲覧、記録できる『電子カルテ』のシステムを導入するべきです」と発言しました。

すると、保守派のイケメンが、「コンピューターで患者さんの情報を入力する」なんて、そんな夢物語みたいなことはあり得ない、と即座に否定します。

当時は「電子カルテ」がまだほとんどの病院で普及しておらず、インターネットでさえ、一部の人しか使っていないような時代でした。

私は、自分の意見を否定されて、ムカっときて、「なんで調べもしないのに最初から否定するんだ！」とイケメンに反論してしまいました。

そう、いつも私はこうやって「相手に否定された」と思い、不安になってキレてしまい、攻撃的な発言をして人間関係を壊してしまいます。黙っていれば、他のスタッフのようにうまくできるはずなのに、私は黙っていられないダメ人間……。

心の中で反省していると、院長は「大嶋さんにはいい怒りがあるね！」と、なぜかほめてくれます。続けて、院長は保守派のイケメンに対して、**「怒りはエネルギーなんだよ。怒りがなければ想像力は働かないからね」**と優しく言ってくれました。

すると、イケメンは私のことを否定するのをあきらめただけでなく、ちょっとだけ尊敬の眼差しで見るようになったのです。

「見返してやる！」が起爆剤に

これまで「自分の怒りは自分の最悪なハンディキャップ」とずっと思っていました。

これがなければ、人間関係でも勉強でも淡々とこなすことができて、もっと何かを成し遂げることができていたはず。

いつも、この怒りのせいで勉強にも集中することができず、人間関係でもすぐにキレて、バカにされてみんなから見くだされて友だちになることができませんでした。

「怒りはエネルギー」と院長から言われて、「たしかに！」と自分でも思い当たることがその瞬間にたくさん出てきます。

そう！　私をバカにして見下す友だちや両親に対する怒りがなければ、「見返してやる！」と、アメリカに勉強に行くなんてことはしなかった。

怒りがあったからこそ、海外で勉強を続けることができた。それに、怒りがなければ、企業で働いていたときに、社長が嫌がるくらいのたくさんの企画書を書くことはできなかったはず。

たしかに、いつも「この会社のやり方じゃダメだ！」と怒って毎日、新しいアイディアを出して企画書を書き続けていました。

怒って、会社を飛び出してしまったけど、そうしなければ本来、私がしたかった心

理学の仕事はできなかった。
「あ！　私の怒りって私の才能だったんだ！」と気づいてびっくりします。
「自分の才能に苦しめられていたんだ」と思ったら、自然と笑みがこぼれてきました。

4

ビビリの人は危機管理能力が高い

恋愛に奥手すぎて後悔…

もしかして、他に私が嫌っている私の特徴も、同じように才能なのかも?と仮説を立ててみます。

たとえば、私は自分の「ビビリな性格」がものすごく嫌です。怒りっぽいくせに臆病で弱虫な自分が、ものすごく嫌でたまりません。

みんなからバカにされることをビビッて、一生懸命に下手に出て媚を売るけど、結局バカにされて、すぐにキレて関係を破壊してしまう。

ビビッているんだったら、そんな友だちにかかわらなければいいのに、ビビリの私は「ひとりになるのも怖い」ので、バカにしてくる友だちから離れることができません。子どもの頃からすぐにビビッて泣き出すダメな子だったので、「こんなもんが才能なわけあるかい！」と思います。

でも、あんなに嫌っていた怒りが私の才能だったら、このビビリも何かの才能のはず、と考えてみると、「ビビリって危機管理能力なのかも?」とひらめきます。

「ビビリが危機管理能力なんて、そんな誰でも思いつくようなことを言っちゃって」と思われるかもしれません。

しかし、ビビリのせいで、本当に助かったことが多々あるのです。

私は恋愛に対して奥手だったせいで、「あの女性とも、他の女性とも付き合うことができなかった」とずっと後悔していました。今になって振り返ってみたら、「あの方とお付き合いしていたら自分がダメになっていたかも」とゾッとします。

その女性は一緒に歩いていると、「周りの人がみんな見る」と注目を集めるような人でした。あるとき、その女性と待ち合わせをしたのに、約束をすっぽかされて、何時間も待たされたことがありました。

それまで、何時間も待つ、なんてことは一度もやったことがなかったのに、完全に相手に振り回されていた私は何時間も冬の雪の中で待ち続けていたのです。

あのまま振り回されて、あの女性を追いかけ続けていたら私の人生は大変なことになっていた、と怖くなります。

ものすごくきれいな優しい女性で、ビビッてしまってお付き合いすることができなかったけれど、**「ビビリが私を守ってくれた」**と思えるのです。

ビビリの性格のおかげで、怒りっぽくても危ない方向には決していきませんでした。「危険センサー」というものが備わっているのか、振り返ってみると、「たしかに他の人が遭っているような危ない目に遭っていない」と気がつくのです。

付き合えなくてよかったのかも⁉

一緒に働いていた友だちは、社長から注目されていて、「将来は会社の役員として活躍するはず」と期待されていました。

ちょうどその頃、私が「お付き合いしたいけど、でも、怖いな」と躊躇していた女性を、「え！　友だちは私が躊躇している間に彼女をデートに誘ってしまった！」となった3カ月後に、「え？　彼女との間にお子さんができちゃったから、会社を辞めて、実家の仕事を継ぐことになったんだ！」と私の目の前から消えてしまいました。

私は心の中で「危なかった！」と汗を拭っていました。

友だちの話を聞いていると「みんなけっこう危ない目にあっているよね」と思いますが、私は「あれ？　私はそんな危ない目にはあったことがない」と話を聞きながらドキドキしたことがありました。

ビビリだから危険なことはしないし、近づかない。

だから、こんなに爆発的な怒りを持ちながらも、ビビリのおかげで自分はいろんな危ないことから守られてきたのですね。

5

「出る杭は打たれる」世界から脱出！

否定的な見方を変える「リフレーミング」

私はこれまで心理学の勉強をしてきて、さまざまなカウンセリングの手法に興味を持って実践してきました。

カウンセリングの現場でもひとつのテクニックとして、「あなたの欠点こそが才能です」と悩んでいる人に言ったりしていたのです。

これは「ブリーフセラピー（短期精神療法）」の「リフレーミング」というテクニックで、「否定的な枠組みで見ていた症状をちがう枠組みで見る」という方法です。

ちがう枠組みで見てみると、欠点だと思っていたことは、才能だったんだ！と気がつきます。

欠点だと思って忌み嫌っていた才能が、実はすごい才能で、使ってみたら人生がどんどん変わっていった、というケースはこれまでもたくさん見てきたのです。

でも、私自身は「自分の欠点はちっとも才能だと思えない」という現実に直面していました。


人の欠点は「才能です！」と断言できるし、本当にそう思えるのです。

しかし、自分自身については、自分の容姿とか、ビビリな性格とか、よけいなことをいつも考えてしまいます。

すぐ不安になったり、周りの人を不快にさせちゃうのって、「才能じゃなくて呪いだよね！」と思っていました。

いや、正直な話、「リフレーミング」などの手法を勉強して、「自分にも使ってみよう！」と思って使ってみた、そのときはいいのです。

でも、ラクになったぶん、すぐに「倍返しじゃ！」という感じで、さらに自分の欠点を思い知らされるような不快な出来事が起こって、「やっぱり才能じゃなくて呪いじゃん！」という現実に直面してしまうのです。

心の底から自分を認められる

「これは欠点じゃなくて才能なのかもしれない」と楽しくなりかけたときに、「どーん！」と地の底に落とされる。私の人生はこの連続でした。

「もしかして、自分は何か才能がある、デキる人なのかもしれない！」と思った次の瞬間、必ず嫌なことが起きて、「やっぱり自分は欠点だらけのみじめな人間です」に戻っていました。

だから、私は自分の欠点を手放したり、才能を認めたりするのがものすごく怖かったのです。

「なんでこんなことになるの？」と思っていたら、カウンセリングに来てくださるクライアントさんたちも、「欠点が才能って気がついたとたんに最悪なことが起きて、前のほうがマシだった！」という方が何人もいらっしゃって、「あ！　私と一緒だ！」

と心苦しくなります。

自分のことだとわからなかったのですが、自分以外の人がその立場で苦しんでいるのを見たら、「あ！　この欠点が才能だ！」と気がつきます。

自分の才能に気づき、劣等感から自由になると、その才能の輝きで周りから嫉妬されて引き戻されるということがはっきりと見えてきます。

自分の欠点が才能と気がついて、自由になってキラキラしていると、「まあ、そりゃ周りの人たちは嫉妬するよね！」と周りの人たちの気持ちもわかります。

なぜなら、欠点が才能だと気がついた人は、本当にキラキラと輝くから。

そんな様子を見ていた私だって、「自分も嫉妬の発作を起こしてしまうかも」というぐらいキラキラと輝いてしまう。

それを見た周りの人たちは嫉妬の発作を起こしてしまって、そして破壊的な人格になって足を引っ張るので、「倍返しじゃ！」という感じで地の底に引きずり下ろされるような感じで、「こんなの嫌だ！」となるわけです。

私が調子に乗るから悪い、と思っていたし、実際に母親からもそのように注意されていました。

「調子に乗るから鼻っ柱を折られる」と呪いの言葉をかけられていました。

でも、実は地に落とされるのは、私が調子に乗っているからではなくて、周りからの嫉妬が原因。

「だったら、嫉妬の攻撃をはねのけちゃえばいいじゃない！」と気がつきます。

そして、嫉妬の攻撃をはねのけられるようになった私は、「私の欠点は才能だった！」とちゃんと認められて、こんなふうに文章に恐れずに書くことができるようになったのです。

次の章では、自分の欠点を才能と認めても大丈夫になる、嫉妬の攻撃を簡単にはねのける方法をご紹介していきます。

第2章

嫉妬の攻撃を
はねのける！

1

調子に乗ると叩かれる？

「絶好調」のあとに必ずくる「絶望感」

・会社で賞をもらったら、同僚から「あれはあいつの力じゃない」と陰口を叩かれる
・結婚が決まったら、女性の先輩から「もともと仕事は本気じゃないもんね」と嫌味を言われる
・ツイッターでフォロワーが少ないときには、良いコメントしかつかなかったのに、フォロワーが増えるにつれ、アンチが増えてきた

嫉妬は本当にやっかいです。

とくに才能がある人は悪口を言われたり、足を引っ張られたりして、嫌な思いをしたことが多いかと思います。

目に見える成果が出ていないときは、みんな応援してくれていたのに、うまくいき始めたとたん、協力してもらえなくなった、という経験もある方もいるでしょう。

これも実は嫉妬の作用の一種。

読者の方からも、本を読んだおかげで仕事がものすごくうまくいっていたのに、急に周囲の人から協力を得られなくなって、孤立してしまった、という声が多く聞かれました。

私も、**「これは楽しい！　うまくいきそう！」というときにかぎって、周りから攻撃されてうまくいかない**、という経験を何度もしてきました。

そう、うまくいくことが続くはずなんてないと思っていたのです。

小学生の頃、私は同級生から仲間はずれにされていました。

学校では全然勉強ができなかったけれど、大人が相手だと、とてもスムーズに楽しく話せるので、「こんなに大人と上手に話せるなんて、もしかしたら実は自分は頭がいいのでは？」と思ったことがありました。

「このまま時が止まってくれればいいのに」と思うくらい、楽しい時間だったのです。

でも、気分がいいときにかぎって、悪いことが起きます。


大人と楽しい会話をして家に帰ると、18点の国語のテストをランドセルの底に隠していたのを母親に発見され、「なんであんたは調子に乗って勉強をやらないの！　こんなテストの点数を取ってきて！」と母親にひっぱたかれます。

父親が帰ってくると、「どうしてテストを母親から隠していたんだ！　卑怯者！」と畳の上に何度も投げ飛ばされました。

「大人と会話をするほうが楽しい、なんて調子に乗るからこんなことが起きるんだ！」と泣きながら自分を責めます。

ものすごくみじめな気持ちで、「今度こそはちゃんと勉強をしよう！」と固く決心しているのに、次の日、学校に着くなり、いじめっ子が近づいてきて、「お前、最近、生意気だ！」とイチャモンをつけられて、クラスのみんなの前で殴られ泣かされます。

すると、周りの子から「あの子泣き虫で気持ち悪い」と言われているのが耳に入ってきて、よけいにみじめな気持ちになって涙が止まらなくなります。

「あんなふうに大人と話をして、調子に乗ったからバチが当たったんだ！」とものすごく後悔します。

心理学的な解釈では出口がない

この話をすると、一般の人からは「あんたが調子に乗ったからそんな目にあったんだ！」と当たり前のように責められてしまいます。

しかし、「調子に乗ったあんたが悪い」と言われても、「どうして調子に乗ったら不幸なことが訪れるの？」という仕組みがわかりません。

ある人からは、「あんたが調子に乗って人を傷つけないために、神があんたに天罰を与えている」と言われたこともあります。

いい気分になって調子に乗っていたら人を傷つける？

たしかに、不幸で苦しんでいる人がいて、その人の事情を知らないでいい気分になって調子に乗っていたら、「私の苦しみも知らないでこの人はひどい！」と思われるかもしれない。でも、ちょっと調子に乗ったからといって、ここまで言われるってひどくない？　私の人生はその連続でした。

この現象は、心理学的には簡単に説明がつきます。「楽しい！」という躁状態のあとに、「うつ状態」がやってくるのは、脳内のホルモンの問題です。

他には**「前後即因果の誤謬」**という原因があります。

「良いことがあった、だから怒られた。いじめられた」のように、悪いことがあった原因を「良いことがあった」に結びつけてしまう。迷信とかジンクスなどが、裏づけが取れないのに、勝手に原因を「良いこと」に関連づけてしまうのです。

これらの解釈や説明は「たしかにそうなのかもしれない」と思うのですが、「だったらどうやったらここから抜け出せるの？」という答えがない。救いがないんですね。

だから、いくら勉強をしたって「良い気分になったら、すごく不快なことが襲ってくる」の連続だったのです。

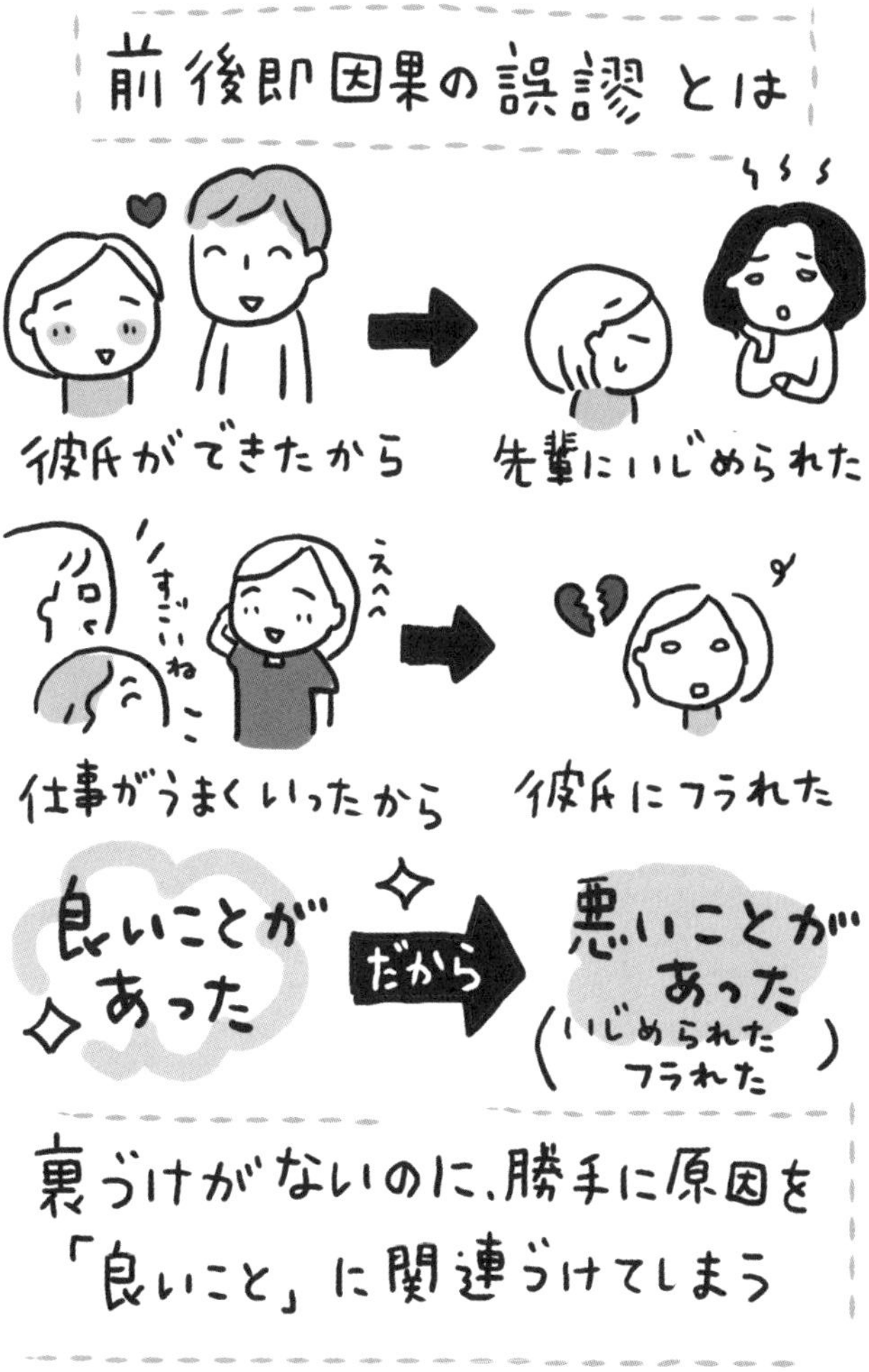
前後即因果の誤謬とは
彼氏ができたから
先輩にいじめられた
すごいねー
えへへ
仕事がうまくいったから
彼氏にフラれた
良いことがあった
だから
悪いことがあった
（いじめられた
フラれた）
裏づけがないのに、勝手に原因を
「良いこと」に関連づけてしまう

2

「脳内ネットワーク」で思っていることが筒抜けに

話していないのに伝わってしまう？

私は、ずっと「調子に乗ったら悪いことが起きる」というのは迷信で、私の思い込みだと思おうとしていたのですが、それは間違いでした。

カウンセリングの仕事をするようになって、私と同じように「うまくいったあと、必ず嫌なことが起きる」人がたくさんいることがわかってきたのです。

たとえば、10年以上寝たきりで動けなかった方が、自由に動けるようになって外出できるようになったのに、「今度は家族が病気になりました！」と言います。

せっかく自分のために時間を使えるようになったのに、急に夢を打ち砕かれるようなことが起きてしまいます。

また、別のケースでは、それまで全然勉強しなかった人が勉強するようになったら、急に周りがものすごくひどいことを言ってくる、というケースもありました。家族も本人が勉強ができるように願っていたのに、わけがわかりません。

これらのケースを聞いてみると、**「うまくいっているとき、周りの人が能面のような顔になった！」**という共通点があり、**「周りの人が嫉妬の発作を起こして、破壊的な人格になっているんだ！」**ということが見えてきます。

拙著『消したくても消せない嫉妬・劣等感を一瞬で消す方法』（すばる舎）でも書きましたが、「自分よりも下の立場なのに、自分よりもおいしい思いをしている」という条件があると、脳内で電気が乱れて発作を起こします。

そして、破壊的な人格になって、「ひどい言動」や「足を引っ張るようなこと」を意図せずにやってしまうのです。

こちらが「いいことがあった」ということを前面に出していないのに、なぜか相手に伝わってしまって相手が発作を起こします。

「話していないことがなぜか伝わってしまう」のは、脳内の「ミラーニューロン」の働きによって、無線LANのように「脳のネットワーク」で情報がやり取りされているからです（脳のネットワークについては、拙著『「いつも誰かに振り回される」が一瞬で変わる方法』（すばる舎）にくわしく書いています）。

ネットの書き込みのように嫉妬が飛んでくる

たとえば、電車の中で、赤の他人が急に突っかかってくることがあります。

私が友だちと会った帰りの電車で、「楽しかった！」とニコニコしながら、動画を見ていたときのことです。

「え？　他に席が空いているのに、どうしてわざわざ私の隣に座ってくるの？」と、狭いところに無理やりサラリーマンふうの男性が座ってきます。

「まあ、いいか！」と気を取り直して、再び動画を見ていると、さっきの男性が足を組んできて、私は「え？　なんでわざわざ靴の裏を私のズボンにこすりつけてくるの？」とびっくりしてしまいます。

「足を組みたいなら、もっと広いスペースがあっちにあるのに！　なんで、私の横にわざわざ来て、足を組んで、しかも靴の底を私のズボンに向けるの？」

せっかく楽しい気分でいたのに、こんな感じで台無しにされてしまうのです。

こんな状況も、**「『脳のネットワーク』でこちらの状態が相手に伝わって、相手が嫉妬の発作を起こしたからなんだ！」**と考えると、腑に落ちます。

しかし、「相手からの嫉妬の発作だ」とわかっても、自分自身の「つらい！」「苦しい！」という感覚は変わりません。ものすごく不快な気分にさせられて、「この世の終わり」というような感覚に陥ることすらあります。


ブログを書いているとき、ふだんは何も感じないのですが、「これはおもしろいかも！」という記事を書きあげたときほど、頭の中でダメ出しが襲ってきて、「自分はこのままこの仕事を続けたらダメなのかも！」と落ち込んでしまいます。

「これは、脳のネットワークを通して、嫉妬が飛んできているんだ」と思ってみても、苦しさは変わらないので、本当に大変なのです。

3

一番ダメな選択をしてしまう理由

「なんであんなよけいなこと言っちゃったんだろう…」

嫉妬の発作は脳内の電気が乱れて起きるもの。脳内に過剰な電流が流れ、破壊的な人格に変身してしまいます。

そして、相手から嫉妬の電流を浴びたときにも、とんでもないことが起きます。嫉妬の電流に自分も感電して、「相手に対して破壊的になってしまう！」のだったら、少なくとも自分が苦しむことはなくなります。

でも、嫉妬の発作を起こした相手に感電したとき、脳が勝手に「自己破壊的になってしまう！」から、ものすごく大変なのです。

「自己破壊的」と簡単に書いていますが、これはものすごく奥が深くて、たとえば「言っちゃいけないことを言ってしまった！」というのも、そうです。

会話のあとに、「なんであんなよけいなことを言っちゃったんだろう？」と思うことはみなさんも経験があるかと思います。

言わなくてもいい、よけいなひと言を言ってしまうのは、実は相手の嫉妬の発作を受けたときに、相手の電気に感電してしまって、「自己破壊的」な脳の状態になるからです。

自分を貶めるようなことを言ったり、「相手に対してあんなことを言わなきゃよかったのに！」と後悔するようなことを言ったりしてしまいます。

自分のダメなところや悩みをさらけ出してしまって、「あんなことを言う必要はなかったのに、なんであんなことを言ってしまったんだろう？　あの人にどう思われただろう？」と不安になる。

これは、「自分を低く見せることで、相手から嫉妬の攻撃をされないようにしている」という見方もできますが、あとから後悔や不安が襲ってくるなら、相手の嫉妬の

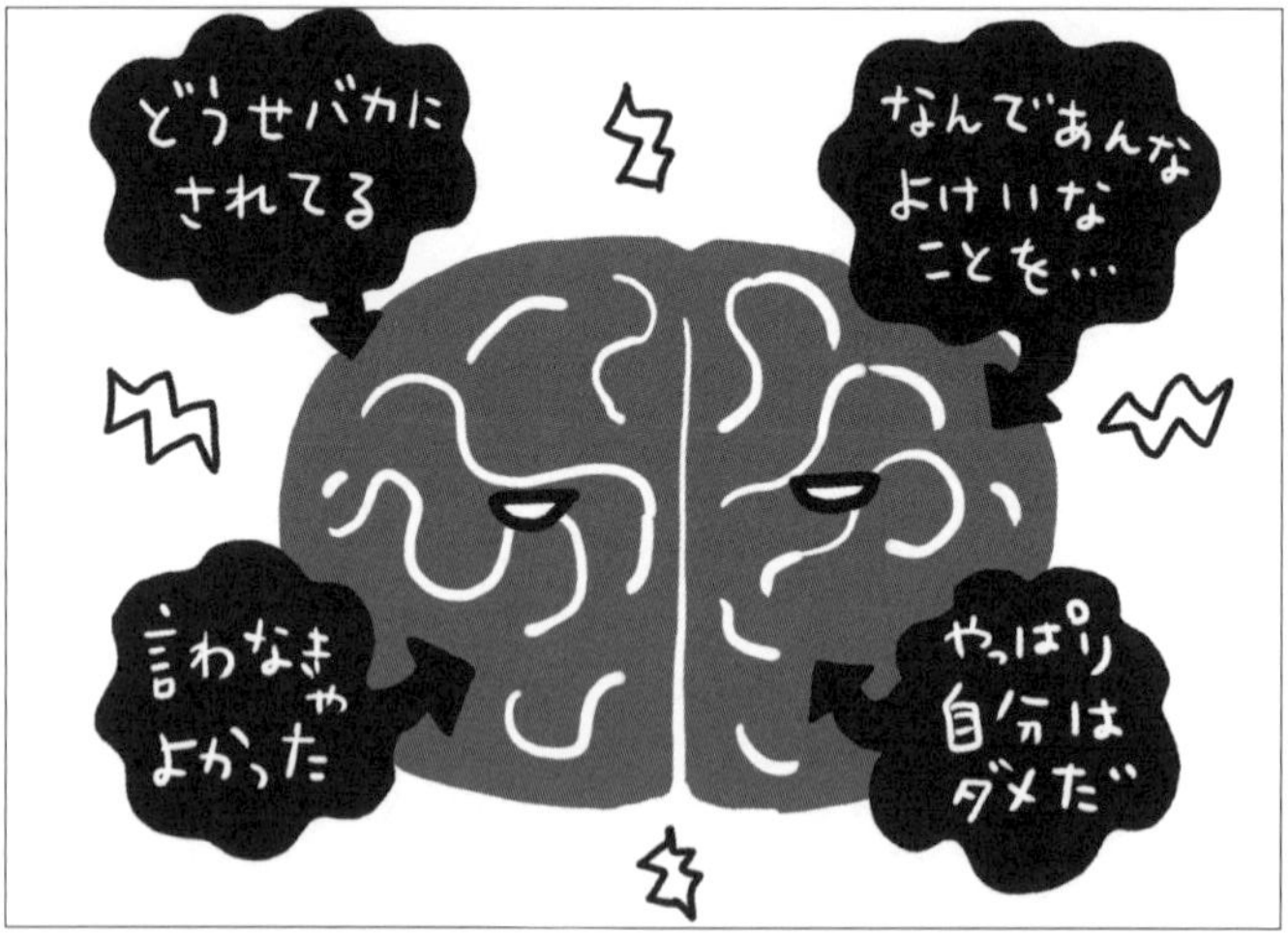

電流を浴びて、「自己破壊的な人格」に変身しているということ。

言いたくもないのに、自己破壊的なことを言って、自分を貶めてしまうのです。

嫉妬の電気ショックでネガティブな選択

嫉妬の発作を浴びているときは、「なんで、あのときにあれを選ばなかったんだろう？」と選択も誤ってしまう。

常に自分が幸せになる選択肢があるのに、「相手のために」と考えて、「ダメな選択肢を選んじゃう」と私は思っていました。相手を優先するから自分がダメな選択しかできない、と。

でも、実はそうではなくて、**周りの人の嫉妬を浴びたせいで、自分が幸せになる選択肢を選ぶことができない**のです。

「自己破壊的な人格」になっているから、不幸になる選択肢をわざわざ選んでしまいます。

とっさに不幸な選択肢を選んでしまうのは、嫉妬の電流を浴びて、「自己破壊」するから。さらに「やっちゃいけないことをやってしまう！」というときがそれ。

嫉妬の電気を浴びて、自分を貶める行動がやめられなくなる。

「あのときになんであんなことをしちゃったんだろう？」と後悔するような行動を取ってしまうのは、嫉妬の電流を浴びているからです。

でも、そんなことは誰も教えてくれないし、それをどうやって自分で防いだらいいのかもわかりません。

嫉妬される立場になってしまったら、自分では防げないのです。

つねに嫉妬の電流を浴びて、したくないことをしてしまい、自分が不幸になる選択しかできなくなります。

一般の人は「それってただ人のせいにしているだけなのでは？」と言います。

でも、一般の人もちゃんと同じような体験をしています。

一番わかりやすいのが、男女関係の嫉妬。相手が浮気をしたときに、嫉妬の発作を起こして、破壊的な人格になって相手と浮気相手を徹底的に破壊したくなってしまいます。

そんな破壊的な人格になったときに、相手の反応を思い出してみると、さらにおもしろいことがわかります。

そう、責められた相手は「あなたにこうしていつも責められて精神的に追い詰められているから、つい息抜きで彼女と出かけてしまった」などと、つい口走ってしまい、「言っちゃいけないことを言っている！」と見事に自己破壊的になるのです。

「自己破壊的な人格」が自分を責め続ける

嫉妬の発作を受け続けていると、相手はどんどん自己破壊の方向に行ってしまい、墓穴を掘りまくって、そこから抜け出せなくなります。

まあ、浮気をした場合は、「そのぐらいの状態になって当然」と思われるかもしれません。でも、何も悪いことをしていないのに、周りから嫉妬をされている側になって、どんどん墓穴を掘るような状態にさせられてしまったら、たまったもんじゃありません。

常に「あんたが悪い！」と思われてしまい、誰も味方になってもらえません。

自己破壊的な人格になっているから、「私が悪いからこうなった」と、自分を責め続けてしまう。

嫉妬は脳の発作、と考えられるから、発作の場合は、そこをいじればいじるほど、どんどん発作がひどくなります。

自己破壊も相手から嫉妬の電流を受けた発作状態だから、自分を責めれば発作がひどくなり、「どんどん自分がダメになっていく！」という感覚が止まらなくなってしまうのです。

そして、発作が止まらなければ、自己破壊的になって、幸せな選択ができなくなり、すべて自分の不利益になるようなことばかりしてしまいます。

そして、脳のネットワークによって、遠くからも嫉妬の電流が流れてくるとともに、すごい絶望が襲ってきて、「嫌なことを考えることが止まらない！」「こんな状態は耐えられない」と人生を投げ出したいような気分になります。

それは「自己破壊的な人格」にされてしまっているからなのです。

4 嫉妬の電流は「絶縁体」でかわす！

「感電しない工夫」が必要

嫉妬の攻撃は身近な人だけでなく、遠くからもやってくるなら、もはや避けることはできないのでしょうか？

ここでひとつ私の昔話を聞いてください。

学生時代に看板屋でアルバイトをしていて、天然ボケの先輩から「おう！　鉄骨を溶接するから、ちょっと押さえてくれ！」と頼まれたことがありました。

鉄骨の溶接は、鉄骨に電極をつけることで、溶接棒を当てたときに大量の電気が流れて「バチバチバチ！」と溶接棒が熱で溶け、くっつく仕組みになっています。

だから、鉄骨を素手で押さえたら感電してしまうのです。

それを知らなかった私は、「バチバチバチ！」という瞬間に素手で鉄骨を触ってしまい、「死んだかも！」というぐらいの痛みを味わいます。

天然ボケの先輩は「ダメだよ！　大嶋君、ちゃんと電流を絶縁できる手袋をつけなきゃ！」と、痛みで悶絶している私に言います（先に言ってよ！）。


さて、ここで何が言いたいかというと、「絶縁体」の話です。

世の中には電気を通すものと通さないものがあって、電気を通すのを防ぐ「絶縁体」が存在します。

人間の場合は、電気を通してしまうから、「ビビビッ！」と感電してしまいます。

つまり、感電しないためには、絶縁体である「ゴム手袋」をはめるような安全策が必要なわけです。

この話を思い出して、もしかしたら嫉妬の電流が流れてこないようにする「絶縁体」があるのかもしれない、と考えていました。

そんなときに「あ！　『孤独』が嫉妬の電気を防ぐ絶縁体になるんだ！」ということに気がつきます。

「通じ合えない孤独」に目を向ける

人間関係の「絶縁」の場合は、「怒り」をともなっている印象があって、ポジティブなイメージがありません。

さらに、「人とのつながりを切るなんて、ダメ人間と思われてしまうのでは？」と躊躇してしまい、なかなかできません。

儒教的な文化が背景にある日本では、「家族とのつながりを切るなんてとんでもない！」と思ってしまうのです。

嫉妬の電流を防ぐには、電流を流さないようにする「絶縁状態」が必要になります。「絶縁状態」と聞くと、ものすごい怒りが必要となるイメージがあり、「そんなことはできない」とあきらめてしまうかもしれませんね。

でも、この「絶縁状態」は簡単にできます。単純に「相手と通じ合えない孤独」に注目を向ければいいのです。

通じ合えない感覚があるから、「なんとか通じ合えるようにしなければいけない」と思ってしまいます。

でも、無理やり通じ合うように努力するのは、素手で電流が流れる鉄骨を触るようなもの。

相手から流れてくるのは、愛情などの温かさではなくて嫉妬の電流で、その電流に「ビビビッ！」と感電していたわけです。

相手とわかり合いたい、自分だけがわかり合えている気がしない、と思って相手と無理に通じ合おうとするから、「ビビビッ！」と嫉妬の電流が流れてきて、おかしな言動をさせられます。すると、孤立感が増していき、ますます「通じ合えるようにならなければ」と努力しなければいけなくなるのです。

そこで、**「通じ合えない喜び」に注目を向けてみると、「あ！　頭の中が静かになった！」となるのは、「通じ合えない孤独」が絶縁状態になって、相手からの嫉妬の電流を防いでくれているから**です。

不快な気分が消えていく

ある女性はとても優秀なのに、どの職場に行っても嫌がらせをされます。

ちょっとでも上司から仕事ぶりを認められると、それを見ていた先輩から自分がやらなくてもいいような雑用を押しつけられます。そして、仕事量がキャパオーバーになり、ミスをするようになって、「もうここでは働けない！」という心境になります。

「英語の勉強をして、いつか海外に行きたい」と思っているのに、家に帰ってくると、過去にあった嫌なことが次から次へと思い出され、薄汚れた気持ちになって、勉強に手をつける気になれません。

買い物に行けば、「なんでこんな無駄なものばかり買ってしまったんだろう？」と後悔が襲ってきます。安いものを大量に買ってしまい、使わずにタンスの肥やしになるばかり。「どうしてこんなふうになってしまうの？」とわけがわかりません。

嫉妬についての本を読んで、「嫉妬されているからこんな状態になるんだ！」と理解して、この状況から抜け出そうとするものの、「逃がすか！」と言わんばかりに、引き戻そうとする周囲の強烈な嫉妬の力が働きます。

女性は「襲ってくる苦しみがきつい！」「自分はここから抜け出せないかもしれない」と絶望感でいっぱいになっていたのです。


そんなときに、「え？『孤独』に注目を向ければいいの？」と、「絶縁体」のことを知ります。「孤独って悪いことだと思ったから、そこに注目しちゃいけないような気がしていた」とびっくり。

職場で「嫌な仕事を振られている」と思ったときに、「自分の孤独」に注目すると、「あ！ 本当に不快な気分がなくなるかも！」と嬉しくなります。

失敗して怒られるかも……
うまくいかないかも……
でもこれが
自分の孤独
自分の孤独に注目すると…
頭の中が静かになって
カシ
カシ
集中力アップ

「失敗して怒られるかも？」と不安になって仕事でミスをしていたのに、「孤独」に注目を向けることで、頭の中が急に静かになります。

そして、自分にはこんなに集中力があったのか！と思うぐらい仕事に没頭して、簡単に仕事を片づけることができます。

家に帰って、頭に嫌なことが浮かんだときに、「孤独」に注目すると、頭が静かになって、職場にいるときと同じように英語の勉強に集中できるようになります。

買い物に行く前に、「孤独」に注目すると、「今の自分に足りないものはないかも！」と、何も買わずに帰ってきて、心の内側から喜びが感じられます。

「孤独」が絶縁体となって、嫉妬の電流を防いでくれて、自分らしく生きられるようになり、「これが本当の自分なんだ！」と、はじめて自分自身を感じられるようになっていきました。

そう、孤独は悪いものじゃなくて、嫉妬の絶縁体となってくれる便利なもの。

孤独に注目するだけで、嫉妬の影響を防いでくれて、本来の自分と出会うことができるのです。

5

「金持ちの自分」をイメージして、自由に生きる！

嫉妬の条件は「相手が有利で自分が不利」

一般的に、人は「相手が有利で、自分が不利」という条件で嫉妬の発作を起こします。そして、嫉妬される側は相手から嫉妬の電流を浴びたときに、相手の電流によってダメージを受けて、「自分は不利」という状態になり、脳の電流のバランスが乱れて発作を起こし、「自己破壊的」になってしまいます。

他人と接触したときに、多くの人は「自分と相手を比べて」しまいます。

相手と比べたときに、ちょっとでもちがいを見つけてしまったら、「相手が自分よりも有利で、相手に比べたら自分は不利」と勝手に脳内で判断し、嫉妬の発作を起こします。そして、破壊的な人格に変身して、脳内で相手のことを罵倒し、それが脳のネットワークを通じて相手に伝わってダメージを与えます。

また、実際に否定的な言動をして相手にダメージを与えて、「相手が有利で自分が不利」という条件を変えようとします。

嫉妬の発作を起こしている側は、「平等を求めているのだから、自分のやっていることは正義である」という感覚になっているわけです。

嫉妬される側は、嫉妬する側のように「相手が有利」というのがなくて、一方的に攻撃されて、「自分が不利」になって発作を起こしてしまいます。

そして、「どこに怒りをぶつけていいんだ！」と、怒りの矛先が自分に向いてしまうから、「自己破壊的」になってしまう。

「自己破壊的」になればなるほど、「他の人とちがう！」という状態になり、それを見た周りの人はそのちがいから、「あの人のほうが有利で自分が不利」と思って、ますます嫉妬の発作を起こす、という悪循環になります。

嫉妬される側は嫉妬の電流でダメージを受けて、「自分は他の人よりも不利」となっているのに、嫉妬する側からしたら、「他の人とはちがう」ということで、「自分よりも有利」という認識になってしまう。

たとえば、嫉妬の発作を浴びて「自己破壊的」になっている人が、「自分はダメ人間なんだ！」と自分を責めていると、それを見た周りの人は表面的には「あなたはダメ人間じゃないですよ」と慰めます。

でも、周囲の人の脳内では、「この人は普通の人とはちがう！」「他の人の同情が得られるのは自分よりも有利」と勝手に脳が判断して発作を起こし、「かわいそう」と同情する反面、「甘えてるんじゃないの？」と責めます。

嫉妬される側は同情されているのに、嫉妬の電気ショックでダメージを受けて、「自分はやっぱり不利」になるから、ますます自己破壊的になって「自分が甘ったれているからいけないんだ！」と自分を責めて、周りの人とのちがいをつくってしまい、さらに嫉妬の発作を受け続ける、という状態になってしまうのです。

「悲劇的な思考」から抜け出すには？

さあ、鋭い人はもう気がついていると思いますが、**「悲観的な思考」になっているときは、「嫉妬の攻撃を受けている」証拠**なのです。

たぶん、私の嫉妬の本を読んでくださった方は「そんなのわかっている！」と思われるかもしれません。

悲観的な思考になっているときは、嫉妬の攻撃をされ、足を引っ張られている、とわかっているのに、「相手の嫉妬の発作を浴びて起きる発作だから、自分の悲観的な思考を変えることができない！」という苦しい現実に直面してしまうのです。

そこで、今回は**「豊かなお金持ちになった自分をイメージして、発作を起こさない」**という方法を使ってみます。

『「いつも誰かに振り回される」が一瞬で変わる方法』（すばる舎）では、「豊かな金持ち！」と唱えるだけで、お金持ちになれる、という暗示をご紹介しました。

その暗示と異なるのは、今回は暗示を唱えるだけでなく、**「豊かなお金持ちになった自分！」と唱えたあと、浮かんできた自分を観察する**、という作業があることです。

お金持ちになった自分の感覚を確かめて、いつでもその感覚が使えるようにしていきます。

「え？　そんなの現実とはまったくちがっているから、むなしいだけじゃない？」と思う方もいるかもしれません。

でも、ここで大切なのは「嫉妬の発作を起こす側」の人たちが、私たちを見て「あの人のほうが有利で自分が不利」と判断してしまうほうが「非現実的」なのです。

そんな人たちに現実的で常識的な方法は通用しない。だから「いくら真面目にやってもちっとも苦しみから抜け出せない！」となってしまうのです。

必要なのは、「豊かなお金持ちになった自分のイメージ」です。

「お金持ちになることを許す！」

私はかつて、「豊かなお金持ちのイメージ」をするのが困難でした。

なぜなら、家がずっと貧乏で、親から「お金がない、お金がない」と言われ続けていて、さらにそこに嫉妬の電流まで入っていたので「お金持ちアレルギー」になってしまっていたのです。

「お金持ちアレルギー」になると、「貧乏性」になってしまいます。

お金に対してアレルギー反応を起こして、「お金を受け入れられなくて、どんどん貧乏になる」という状態になります。

お金持ちアレルギーがある場合は、「〇〇（自分の名前）はお金持ちになることを許す！」と7回連続で唱えてみましょう。するとお金持ちアレルギーが解消されて、「あ！　豊かなお金持ちのイメージがしやすくなった！」となります。

豊かなお金持ちのイメージをするようになると、嫉妬の発作を浴びても、「自分は不利！」と発作を起こさなくなります。

貧乏性のときは、こんなに貧しいのに理不尽な嫉妬の発作を浴びてダメージを受けて「自分は不利」と発作を起こしていたのが、「あれ？　自己破壊的にならなくなっている！」と気がつきます。

いつもだったら、すぐにパニックになって、よけいなことをしたり言ったりしてしまっていたのが、ゆったりと落ち着いて対応できるようになります。

すぐに悲観的な思考になっていたのに、「あれ？　ちっとも悲観的にならないぞ！」となっていて、淡々と自分のしたいことができるようになります。

「いつのまにか自分が抱いていた豊かなお金持ちのイメージに近づいてきた！」という感じになっていくのです。

そう、悲観的な思考も貧乏性も、嫉妬の発作を浴びて発作を起こさせられてしまっていたから、そうなっていただけ。

お金持ちアレルギーを消す暗示を唱えて、「自分は不利」という発作を起こさなくすることで、本来の自分の姿に戻っていきます。

やがて周りの人たちが予測できなかったような展開になっていき、いつのまにか嫉妬のループから外れて、自由に生きられるようになるのです。

「常識の縛り」から解放される！

こんなふうに、「脳のネットワーク」を通じて、みなさんとつながりながら書いていると、「孤独ってみじめでいけないもの」「お金持ちになりたいなんて意地汚い」という自分の常識自体が、親からの嫉妬でつくられていたものなんだな、と改めて気づかされます。

孤独と友だちになれれば、孤独が嫉妬の絶縁体になって私を守ってくれる。

だからこそ、「孤独はみじめでいけないもの」と入れられていた。なぜなら、嫉妬の発作から自由になってしまうから。

私の場合、「貧乏でみじめ」という不快感がいつもつきまとっていて、「貧乏でいなければいけない」という思い込みが心の片隅にありました。

それが親からの嫉妬の発作で植えつけられていたなんて、想像することもできませんでした。なぜなら、「親は子どもの幸せを願うもの」という常識があるから。

ここでも私を縛りつけていた常識が出てきますね。

別に親は子どもの不幸を願っていたわけではありません。

嫉妬自体が「動物的な発作」であり、「あの子のほうが有利で私は不利」と脳が勝手に状況を判断し、発作を起こして破壊的な人格に変身してしまっていただけです。

私が悲観的な思考や貧乏性をいくら努力しても変えられなかったのは、「発作」だから。それと同じように、嫉妬の発作も止められないもの。

その嫉妬のループから「孤独」や「豊かなお金持ちのイメージ」を使って抜け出してみると、本来の自分らしく生きられるようになります。

その生き方は、みなさんも心のどこかで知っていたもの。

知っていたけれど、いつまでたってもそこにたどり着けなかった、その自分がいつのまにかそこにいます。

そう、常識から解放されて自由にのびのびと、人目を気にしないで生きられる自分がそこにいるのです。

第3章

人は「発作」でうそをつく

1
善意のフリをして足を引っ張る友人

なぜ揚げ足をとろうとするの？

同僚が私のアパートに遊びにきたとき、私のつくった本棚を見て、「これ大嶋さんがつくったんですか？」と聞いてきたことがありました。

「そうだよ、けっこう時間はかかったけど、全部自分でつくった」と答えると、同僚は「これって地震がきたらすぐに倒れますよね」と言ってきます。

私が「地震が来たときのことも考えて、耐震装置をちゃんとつけてあるから大丈夫だよ！」と言うと、「じゃあ、僕がこの棚に乗っかっても倒れませんか？」と言い出します。

「あれ？　おかしい！」と思って、同僚に「あなた、それを本当に聞きたくて、質問しているわけじゃないよね？」と聞き返してみます。

すると、同僚は「だって、自分では思いつかないような本棚で悔しかったから」と正直に話してくれました。

同僚の話を真に受けてしまったら、「地震が起きたときの心配をしてくれているんだな」とか「重い本をたくさん乗せたときの心配をしてくれているんだな」と思うわけです。でも、実は**「相手のことを心配して質問をしている」というのは全部うそ**で、本当は「地震がきたら壊れるかもしれない」「重いものを乗せたら倒れるかも？」と私を不安にさせるのが目的。

この話を聞くと、「その同僚は、なんて意地悪いやつなんだ！」と思うかもしれません。

でも、これは本人が「不安にさせてやろう」「ダメなところを暴いてやろう」と思って、「うそ」をついているわけではないのです。

嫉妬すると、脳内で「ビビビッ！」と過剰な電流が流れて、破壊的な人格に変身し、とっさに「うそ」が口から出てきてしまいます。

嫉妬で発作を起こしたとき、相手の口から出てくる言葉は「全部うそ」で、そこには真実は1ミリも隠れていなかったりするのです。

反射的に「口から出まかせ」を言ってしまう

ある男性が一浪の末、大学受験をして、その大学の中で一番優秀な学部に合格しました。

すると、現役で先にその大学に入って、それまで大学のことをいろいろ教えてくれていた幼なじみが、「その学部って最低な人しかいないよ！」と言い始めます。

これまでキャンパスライフを満喫している、という話をたくさんしてくれて、浪人生活を励ましてくれていた友だちの態度が急に変わってしまってびっくり。

幼なじみが「この大学って本当に最低な先生しかいない」と不安になることばかり言うので、「あの大学に行っても大丈夫だろうか」と、ものすごく不安になってしまいます。せっかく合格することができてウキウキしていたのに、楽しい気分をブチ壊されてしまったのです。

しかし、蓋を開けてみると、その友だちは「スポーツばかりやっていて、まともに授業を受けていなかった」ということがわかります。

そして、男性が入る予定の学部に知り合いがいるわけでもないのに、食堂で誰かが話していたことを小耳に挟んで、その話を又聞きで伝えていただけ、ということが発覚しました。

男性は、「合格して嬉しい気分を一緒に喜んでもらいたかっただけなのに、なんでぶち壊すことをするの！」と怒りが湧いてきたそうです。


でも、私からすると、その幼なじみは悪気があったわけではなくて、「ただの嫉妬の発作でうそを言ってしまっただけ」なのです。

「うそ」を言っている本人は、「自分がうそをついている」という自覚はまったくありません。


嫉妬で発作を起こしていると、自動的に口から「適当なうそ」が出てきてしまって、本人は「自分は親切心で相手に必要な情報を伝えている」とか「入学前に期待しすぎ

て、大学に入ってからがっかりしないように注意をしてあげている」などの理由で忠告してあげている、と心底思っているわけです。

本人は「うそ」を言っている自覚はまったくなくて、発作時に破壊的な人格になり、「よかれと思って」と言うことが、全部「うそ」になってしまうだけなのです。

うそを言っている自覚は一切ない

ある女性は、子どもを連れてピクニックに行ったとき、一緒に来ていたママ友たちから、「あら！　えら〜い！　ちゃんとお弁当をつくってきたんだ！」と称賛されます。

朝から一生懸命つくったお弁当をほめられて嬉しくなっていると、ママ友が「私なんて子どものためにお弁当をつくる時間なんてもったいない！と思っちゃうからダメなのよね！」と言い出します。

そうしたら、周りのママ友が「あなたはものすごく子どものことを大切にしている じゃない！」と、話題が「ママ友が子どものことを大切にしている」に持っていかれて、女性が子どものためにつくってきた「おいしくて可愛いお弁当」の魅力が失われてしまいました。

そのママ友は、本当は自分は子どもにかかりっきりだとわかっているのに、その女性の「可愛くておいしいお弁当」に嫉妬して、「私は子どもの世話が好きじゃない！」という大うそをついてしまいます。

嫉妬の発作を起こしているときは「破壊的な人格」になって、相手を不快にさせるのですが、本人にその自覚はまったくありません。

嫉妬の発作を起こしたママ友は、「自分の謙虚さを発揮して、ダメママキャラを前面に出して手づくりのお弁当をほめてあげよう」と、自分自身にも大うそをついてしまいます。

嫉妬の発作を起こしているときは、「発言はみんなうそ」なのですが、嫉妬した瞬間に「自分にもうそ」をついてしまいます。

そこから「相手に対するうそ」が自動的に出てくるので、「自分がうそを言っている感覚がまったくない！」のです。

2

「うそつきの自分」に嫌気がさす日々…

「うそをついたら地獄に落ちる」という親の教育

私が以前、ブログで「うそ」の記事を書いたとき、「私はふだん、うそなんてつきません！」と言う方がたくさんいて、びっくりしました。

たぶん、「人をだますためにうそを言う」ことを指して、「私はうそをつきません！」と言っているのだと思うのです。

私は、キリスト教の家庭で育ち、「うそをついたら罪人になって地獄に落ちる」と教育されてきたので、「自分はものすごいうそつきだ」と悩み苦しんできました。

親からひっぱたかれて、「今度こそ赤点を取らないようにちゃんと勉強します」と泣きながら宣言しても、次の日になったら、「ちゃんと勉強をしていない自分はうそつきだ」と罪悪感にさいなまれます。

机に向かっていても、ちっとも勉強に集中できないので、「勉強しているフリをしているうそつき」と思ってしまい、罪の意識で苦しんでいました。

また、家が貧乏だったので、お小遣いをもらっても、「駄菓子屋でお菓子を買った」と正直に言えませんでした。

「お父さんが一生懸命に稼いだお金を、そんな無駄なことに使って！」と怒られるのがわかっていたから。

母親にお小遣いの使い道を聞かれたときに、「友だちに貸した」とうそをついたら、母親が確認してしまって、「あんたはうそつきで地獄に落ちる！」と散々殴られたこともありました。

自分は本当にうそつきだな、と悩み苦しみ、それでもどうしてもうそをつくのをやめられませんでした。

友だちから「遊びに行こうよ！」と誘われて、本当は「嫌な目に合うから行きたくない」と思っているのに、自分の気持ちにうそをついて「うん！　行く！」と返事をして、「あーあ、またうそをついちゃった」と重い気持ちになります。

振り返ってみると、私がうそをつくのは、「周りの人から嫌われたくない」という気持ちがあるからなんだな、ということがわかってきます。

それを相手に伝えても、「それはただの言いわけ」と、いっさい聞き入れてもらえずに、「うそつきで信用できない」というレッテルを貼られてしまうのです。

だから、私は自分のうそに敏感で、「うそをついてはいけない」と自分に言い聞かせてきました。

根底にある「嫌われたくない」思い

友だちと冗談を言い合ってふざけている場面でも、私は「うそはつけません」と真面目に答えてしまうので、「シーン」と場の空気が凍ってしまいます。

「うそをついてはいけない」と思っているから、「真面目か！」という感じでちっと

もおもしろい話ができない。

周りの人が冗談で「うそ」を言っているのに、そのうそを真に受けてしまって、「バカじゃない！」といつもみんなからバカにされ、蔑まれる立場になってしまいます。

「うそをつきたくない」と固く思っているのに、嫌われたくないからと、つい細かいうそをついてしまって、それがすぐに相手にばれてしまう。

「うそをついてはいけない」という縛りがあるから、うそが下手でうそをつき続けることができません。

結局、うそだと発覚して、「お前はう

そつき」と言われて、バカにされて、みじめな思いをしてきました。

ちょっとしたことでうそをついてしまう罪悪感がありながらも、「あんたがやったでしょ！」と言われると、とっさにうそが口から出てしまって、あとからものすごく申し訳ない気持ちになってしまう。その申し訳なさから、うそをつき続けることができなくて、どんどんうそつきになってしまうのです。

いつも自分の気持ちを偽っている状態に

私は「うそをつくこと」に対する罪悪感があるので、いつまでもうそをついた記憶が消えません。

うそをついたのは何十年も前なのに、相手に対する申し訳ない気持ちが、まるで昨日の出来事のように思い出されます。

「うそをついてしまって恥ずかしい」というみじめさや恥ずかしさが、うそをついてしまった直後に感じたままのフレッシュさで、いつまでも私につきまとうのでした。

私は「みんなから嫌われたくない」「うそをついて地獄に落ちたくない」という思いから、「嫌われないように」「人から断罪されないように」と自分自身にうそをつきます。

自分にうそをついて、やりたくもないことをやって、付き合いたくもないのに付き合ってしまう。

「この人から嫌われたくない」という思いで、相手にうそをついてしまい、そのうそが相手に発覚しないようにと、うそをうそで固めてしまう。

そんな人生を歩んできたのです。

周りの人からは「だったら自分にうそをつかないで、自分の気持ちや欲求に対して素直になったらいいじゃない」と言われます。

「それができたら苦労しない」と私は思っていました。

なぜなら、**「素のままの自分でいたら、みんなから嫌われて、人からも神からも絶対に私は見捨てられる」**という自信があったから。

「自分の気持ちにうそをつかないなんて無理！」と思っていたのです。

ありのままの自分でいたら、誰からも受け入れてもらえないし、愛されない自信があった。だから、常に自分の気持ちにうそをつく。

そして、自分に対してうそをついている歪みから、人に対しても嫌われないようにうそをついてしまっていたのです。

3

「見捨てられ不安」で脳に過剰な電気が流れる⁉

「飲んでいない！」と言い張るアルコール依存症の患者

私自身がうそをつく場面を振り返ってみると、相手に見捨てられたくなくて、自分の気持ちにうそをついていました。

そして、「相手から嫌われる」とか「相手から怒られる」という場面で「うそ」がとっさに出てきていました。

これは他の本にも書いてきたのですが、人は「孤独で発作を起こす」という仕組みがあります。

「相手から嫌われる」とか「見捨てられる」などの予感がすると、脳内で過剰な電流

が流れて発作を起こし、「うそ」が意図せずに口から出てきてしまいます。

以前は、「発作でうそをつく」なんて、ただ単に言いわけをしているだけじゃないの？と自分でも思っていました。

しかし、そんな私が、「孤独でうそをつく」ということを明確に実感したことがあったのです。

アルコール依存症の方の治療をしているときのことです。

お酒を飲んだ患者さんは「私は飲んでいません！」と平気でうそをつきます。

でも、患者さんたちがお酒を飲んでしまうきっかけは、必ず「相手から見捨てられる」という「孤独感」でした。

「相手から見捨てられる」という不安で、「もう私は誰も頼らないし、必要じゃない！」と自分にうそをつきます。

自分にうそをついていると、必ずつじつまが合わなくなり、「失敗」してしまいます。そして失敗すると、「みんなから見捨てられる」という不安が強くなって、「連続飲酒発作」を起こし、お酒を飲むのが止まらなくなります。

発作で破壊的な人格になって、身体や人間関係を破壊するまで、お酒を飲むのが止まらなくなる。

そんな患者さんと接しているときに、「あ！　私と一緒だ！」と気づきました。

私の場合、見捨てられる不安から、自分や他人にうそをつき、つじつまが合わなくなって失敗します。そして、「みんなから嫌われる」と孤独の不安から発作を起こし、「破壊的な人格」に変身してうそをつく。

私はそんなうそで、今まで人間関係を破壊してきたことに気づきました。

「うそがバレたら見捨てられる」

たとえば、ある友だちから「こんな本を書いたから読んでみて」と渡されたとき、私は相手から嫌われるのが怖くて、「うわ〜、おもしろそう」と自分にうそをついてしまいます。

本音は「時間がなくて、今は本を読んでいる暇がないかも」と思っていたのに、そんな自分の気持ちに思いっきりうそをついて、「うん！　時間を見つけて読んでみるよ！」と言ってしまいました。

私の中で、「あ、あの人からもらった本を読んでいない」と、うそをついている罪悪感があります。それがいつも心の片隅に残っていて、ストレスがどんどん蓄積していくのです。

そして、友だちに会ったときに「あの本、読んでみた？」と聞かれて、「読んでいない、と言ったら失望される」と思い、「うん！」と言ってしまいました。「読んだ！」と言った瞬間に、「何も質問してきませんように！」と願うのですが、「あの主人公をいじめるキャラクターはどう思った？」と聞かれて、私は「うん、あのキャラクターはなかなかよくできているね」とうそをつきます。

さらに「最後のあの場面はどうだった？」と聞かれて、「まったくわからない！」という「失敗」で私は発作を起こして、「最初から、あの本は全然つまらなかった！」と心にもないことを言ってしまいます。

「うそがばれたら相手から見捨てられる」という不安から、孤独の発作を起こして私は破壊的な人格になり、友だちとの関係を破壊するような言葉を言ってしまいます。「あちゃ〜!」と、あとになってものすごく後悔するのですが、後悔先に立たずで、それから友だちの態度は以前とはまったく別のものになってしまいました。

私の破壊的な人格が、「見捨てられる」を現実のものにしてしまったのでした。

「孤独の発作」で人間関係を壊してしまう

相手から見捨てられると思うと、なぜバレるようなうそをついてしまって、人間関係が本当に壊れてしまうのか、それまでわかりませんでした。

「自分が正直者でうそをつくのが下手だから」「うそに対する罪悪感があるから相手にうそをつき通すことができずに、バレてしまう」などと思っていました。

でも実際はちがっていました。

相手から見捨てられたくないがために自分にうそをつく。そして、前に話したことととつじつまが合わなくなったときに、「相手から見捨てられる!」と「孤独の発作」を起こして破壊的な人格になり、人間関係を壊すようなひどいうそをついてしまっていたのです。

「絶対についてはいけないうそをついてしまった」というよりも、「自分が孤独になる」という予感から、「孤独の発作」を起こしていました。

そして、「孤独の発作」で破壊的な人格になったときの「うそ」の目的が、人間関係を破壊するものだったから、アウトだったのです。

自分の気持ちに正直になればいいだけだった

「相手に見捨てられる」と思うと、不安になって自分自身にうそをついてしまって、脳にストレスが帯電します。

そして失敗したときに「相手から見捨てられる」という孤独の発作状態で、「うそ」をついていたから問題だったのです。

それなら、**「たとえ見捨てられるのが怖かったとしても、自分の気持ちにうそをつかなければいいんだ！」**ということがわかってきます。

なぜなら、自分にうそをつけば結局、失敗して、それが孤独の発作を引き起こす引き金になってしまうから。孤独の発作を起こせば、相手との関係を破壊するうそをつくのが、自分で止められなくなってしまいます。

だから、「なるべく自分にうそをつかないで、自分自身の気持ちに正直になる」ことが必要だったのです。

「他人に気を使って、相手から嫌われないようにしなきゃ見捨てられちゃうんじゃないの？」と、幼い私が質問をしてきます。

自分にうそをついて相手に気を使えば使うほど脳にストレスがたまって、ちょっとしたきっかけで「失敗」して、「みんなから見捨てられる」という孤独の発作を起こしてしまいます。

いくら気を使ったとしても、結局は孤独の発作を起こしてしまえば、人間関係を破壊して孤独になって、その孤独から発作が止まらない。そして、自分の人生を破壊することになってしまうのです。

4

目的は「自分より幸せな状態から引きずり下ろすこと」

礼儀知らずの後輩に激怒してしまう本当の理由

先ほど、「孤独の発作」で破壊的な人格に変身してしまう、とお伝えしましたが、「嫉妬」も同じで、脳内で発作を起こして破壊的な人格に変身し、「うそ」をつきます。

嫉妬も実は「孤独」が引き金になっています。

一番わかりやすいのは「自分への注目が相手に奪われそうなとき」や「人からの称賛や人気が奪われそうなとき」。

「相手に奪われることで、自分が誰からも愛されない孤独」を感じることが引き金となって「ビビビッ！」と発作を起こし、破壊的な人格に変身してしまうのです。

「孤独の発作」と「嫉妬の発作」は似ているようで異なる点があります。**「孤独の発作」の場合は、破壊的な人格に変身して、自分の人間関係を破壊してしまい、「自分を破壊する」というのが特徴**になります。**「嫉妬の発作」の場合は、破壊的な人格に変身して、「嫉妬の対象になっている相手を破壊する」のが特徴**です。

以前、私が後輩の面倒を見ているとき、「あ！　この後輩は自分に対する尊敬がまったくないかも！」とムカついて、「どうして先輩に対して礼儀をわきまえないんだ！」と怒ったことがありました。

後輩に対して「のらりくらりと調子のいいことばかり言って、何ひとつちゃんと仕事ができていないじゃないか！」と説教をしてしまいます。

それから、後輩は仕事で頻繁にミスをするようになったので、「なんでちゃんと真面目に仕事ができないんだ！」とさらに私の怒りがヒートアップ！

たしかに、後輩は周りの人から見たら最近の若い子、という感じで、先輩に対してもタメ口で、仕事を教えていても反抗的で自分の意見を通そうとします。

常に人に気遣いをしてきた私が「ムカつく！」となって当然なのですが、実はそれがきっかけじゃなくて、他の同僚が「〇〇君」と楽しそうに声をかけていて、みんなから尊敬されているふうだったから、私の中で「ビビビッ！」と嫉妬の発作が起きていたのです。

本当は「ほかの社員たちの尊敬が後輩に奪われる」と思って、破壊的な人格になっているのに、「この後輩にちゃんと指導してあげなきゃ、この先、この後輩は大変なことになる！」と自分に自動的にうそをつきます。

「私は絶対に間違っていない！」

孤独の発作のときは、相手に見捨てられないために、自分の気持ちをねじ曲げるので、「自分に対してうそをついているな」という自覚はちょっとあるわけです。

でも、嫉妬の発作の場合は、うそをついている自覚はなくて、私は本心から「後輩のことを思って注意している」と思っていました。

嫉妬の発作の場合は、「自分が正しくて絶対に間違っていない」という「うそ」を

無自覚に自分についてしまうのです。

そして、**後輩に対して厳しく指導しているつもりでも、「ただ嫉妬の発作を起こして破壊的な人格になっているだけ！」**なのです。

嫉妬の発作の場合は、「相手を破壊しちゃう」という特徴があるので、「どんどん後輩にダメージが蓄積されて、後輩が仕事のミスを連発する」状態になっていました。

そして、同僚が「もっと優しくしてあげなよ！」とフォローすると、さらに私の脳内では「ビビビッ！」と発作を起きて、破壊的な人格がヒートアップして、ますます後輩に対する厳しさが止まらなくなります。

嫉妬の発作によって、「私は絶対に間違ったことをやっていない！」といううそを自分についてしまって、自分でも歯止めがきかなくなっていたのです。

「あなたのことを思って」という大うそ

「うそ」はそれだけではありません。

「あなたのためを思って言っている」というのも「うそ」になります。

正直、人間は「自分とその家族のことしか考えられない」という特徴があります。下手すると「家族もどうでもいい」というのが本音だったりします。

他人の将来のことを心配している、なんて大うそなのです。でも、発作を起こしている私は、「相手のためを思って言っている」と信じて疑いませんでした。

「後輩がこの調子で、尊敬の気持ちを失くして仕事をし続けていたら、会社に影響を及ぼす」というのも、「うそ」なのです。

「会社のためを思って指導している」と本気で思っていたのは、嫉妬の発作が自分に対する「うそ」に疑問を持たせないから。

そして、相手を破壊するまで発作を起こし続ける、ということをしてしまうのです。

嫉妬の発作を起こしているときは、「世の中のためにならない」「そんなことは社会的に間違っている」と、「正義感」などの自分に対しての「うそ」がつきもの。

目的は「自分よりも幸せな状態から引きずり下ろすため」であり、もし相手が注目されているのだったら、それを「軽蔑」に変えて自分よりも上には登らせない、という意図があります。

だから、**どんなにその人の言っていることが立派で、「その言葉には真実があるのでは？」と思っても、「全部うそ！」**なのです。

なぜなら、誰も、相手のため、世の中をよくするため、なんていう高尚なことを思っている人はいないのですから。みんな本当は自分のことで手いっぱいなのです。

5

事実無根なのに、現実がつくり変えられてしまう

ネットで暴徒化する「弱者」たち

ある漫画家が、ツイッターで感動的な漫画を毎日アップしていて、「いいね！」の数がものすごいことになっていたことがありました。

しかし、最終回が近づくにつれて、「書籍化」「映画化」、そして「グッズ展開」の発表がされたため、「最初から仕込みがあった！」といううわさが流れて、「最初から広告会社との企画だった」という書き込みなどで、インターネット上で炎上してしまいました。

それまでみんな「感動する！」とその漫画の内容に心を打たれていたのに、「書籍

化」「映画化」、そして「グッズ展開」で嫉妬の発作を起こした人たちが、ネット上で書き込んだことが「現実」となって、みんながそれを信じて現実がつくられていったのです。

ネット上でタダで読むことができたのだし、漫画に興味を持った人は、「内容に感動した」だけで本来はいいわけです。たとえ作者が広告会社とかかわっていたとしても、感動した漫画の内容とは関係ないわけですから。

しかし、「大きなお金が作者に入ってくるかも！」と思ったときに、ネット上では**「ルサンチマン」**が起きるのです。

ルサンチマンとは、主に弱者が強者に対して、「憤り・怨恨・憎悪・非難」の感情を持つことを言います（『三省堂　大辞林　第三版』より）。

嫉妬の発作は「自分よりも立場の低い人間が、自分よりもすぐれたものを持っている」という条件で起きます。

この漫画家に嫉妬しちゃった人たちは、「自分がこれまで応援してきてあげた」ということで、「自分のほうが立場が上」になっています。

それなのに「莫大なお金をあいつは稼ぐ」ということで、嫉妬の発作が起きて、「破壊的な人格じゃ〜！」となってしまいます。

さらに**「自分は弱者で相手はお金持ち」というルサンチマンになると、「自分は弱者だから何をやってもいいんじゃ〜！」と、とんでもない発言が飛び交います。**

嫉妬の発作を起こしている人たちは「私は正しいことをやっている」と信じて疑わず、どんどん現実がつくられてしまうのです。

「なんだ、嫉妬か！」で一蹴できる

以前勤めていた会社で、ボスからすごく冷たく扱われていた時期がありました。

「私がAと言えば、ボスはBと答える」の連続で、「なんてお前はダメなんだ！」と怒られて「あちゃ〜！」と落ち込むことが多々ありました。

「あんなに優しかったボスが、なんで急にそんなふうになってしまったの？」と思っていたら、実は私の仕事に嫉妬した同僚が、「大嶋はボスに隠れて独立を企んでいる」とボスに漏らしていたのです。

たしかに、「いつか独立して起業できたらいいな〜」と思っていたことは、正直ありました。

でも、「ボスの会社を盛り上げていこう！」と真剣にやっていた矢先に、他人のうそで「ドーン！」と私の現実が勝手につくられてしまいます。

私は「ボスはすごい！」と本気で思っていたので、周りの人にも「ボスはすごいんだぞ！」と自慢していました。

ところが、周りの人たちは「大嶋がボスに可愛がられている」ということで嫉妬の発作を起こして、「ボスよりも大嶋のほうが人気が出てきた」といううそをボスに直接言ってしまう、とんでもない人までいたのです。

「うそ」なのに、それがボスにとっての「現実」になってしまって、「ビビビッ！」と発作を起こします。

ある日、私はボスから呼び出されて「あんたのことでものすごいクレームが来ているから！」と言われたことがありました。

クレームの内容を聞いたら、「え？　それって事実無根なんですけど！」と明らかに現実とはちがった「うそ」でした。

「それってうそですよね！」と私がボスに伝えると、ボスは吐き捨てるように、「現実はいくらでもつくり変えられるものなんだよ！」と言い放ちました。

「うそで勝手に現実がつくり変えられてしまう」恐怖心で、私はボスにものすごく怒りが湧いてきます。

あのときのことを振り返ると、「嫉妬のうそで本当に現実がつくり変えられたんだな」と感心します。

「私は他人から嫉妬されるようなものをまったく持っていない」と信じて疑っていなかったから、嫉妬の発作がつくり出す「うそ」に気づきませんでした。だから、うそで現実がつくられてしまうことに、ものすごい怒りを感じていました。

でも、「あ！　これって私の持っている資質が引き起こした、嫉妬の発作でつくられたものなんだ！」とわかり、そのうそでつくられた現実に飲み込まれて苦しめられる必要がなくなると、相手の嫉妬の発作を打ち消すこともできるようになってきたのです。

6

他人の「嫉妬の発作」を打ち消す方法

「私には嫉妬されるものなんてない」と思っていませんか？

先日、学会に行ったときのことです。

「みんなで食事しましょう」と誘われ、ある先生に話しかけたところ、「あれ？　無視されてしまった！」と、びっくりしたことがありました。

その方は催眠療法の有名な先生だったので、私は一瞬、「あれ？　なんか私がおかしなことをしたかな？」と不安になります。

以前だったら、「私が書いた催眠の本にあまりにも間違っていることが書いてあるから、先生の気分を害したのでは？」などと考えてしまっていたわけです。

でも、今は「あ！　私が不安になっているということは、先生に嫉妬の発作が起きているのかも？」と冷静に受けとめることができます。

「私なんか嫉妬されるものが何もない」とかまととぶるのをやめ、さらに「何に対して嫉妬しているのかな？」と分析するのもやめます。なぜなら、「自分が弱者になればなるほど、相手の嫉妬の発作がひどくなる」からです。

先にも書きましたが、脳には「ミラーニューロン」という神経細胞があって、「相手の脳の状態をまねする」という性質があります。

有名な先生と顔を合わせたときに、「罪悪感を感じた」のは、「ミラーニューロンで先生の脳をまねしている」から。

つまり、有名な先生の脳の状態が嫉妬の発作で乱れているから、私の気持ちも乱れるんだ、という捉え方をしてみるのです。

こんなとき、催眠のお師匠さんだったら、瞬間的に催眠を使われるので、そもそも嫉妬の発作を相手に起こさせません。

もし万が一、相手が発作を起こした場合は「相手の呼吸に合わせて催眠に入れてしまう」ということがおできになるから、困らない。

私の場合は、「うーん、相手は有名な催眠の先生だから、こっちが呼吸合わせをして催眠に入れようとしたらばれるだろうな」と考えてしまって、躊躇してしまう。

そんなときに「あ！　あれだ！」と思い出します。

相手を「無」の世界に連れていく

催眠の中には、イメージを使った催眠療法があります。

まず、相手の姿を思い浮かべます。目を開けていても閉じながらでもかまいません。イメージするのが難しい場合は、「相手を頭の中でイメージする」と思うだけで脳は催眠状態に入ります。

相手が嫉妬の発作を起こしている、ということは、もしかすると、内心ものすごくおびえているのかもしれません。イメージしてみると、相手がおびえを隠している姿が見えてきます。

そのおびえている相手を、何もない孤独な宇宙空間のような「無」の世界に連れて

いきます。

　私の場合は、天体望遠鏡ではじめて土星を見たときのようなイメージをしたりしますが、真っ暗な空間にぽつりと浮かんでいる感じをイメージしてみるといいでしょう。

　イメージするのが難しい場合は、**「孤独な何もない空間に相手を連れていくイメージをする！」**と心の中で唱えるだけで、脳はその催眠状態をつくり出します。

　そのイメージをしたまま相手に注意を向けたときに、相手の孤独の発作は打ち消されて、「あ！　大嶋さん！」と今はじめて気がついたかのように声をかけてきてくれたのです。

孤独感が消え、つながりを感じられる

このイメージを使った催眠療法の仕組みは、「嫉妬の発作は孤独の発作」というところにあります。

相手が「注目を奪われる」という嫉妬の発作を起こしているとき、相手はとても孤独です。

その孤独が私にミラーニューロンを通じて伝わってきて、「この学会は四面楚歌だ」と孤独になれば、さらにそれが有名な先生の脳にフィードバックされて、「嫉妬の発作がひどくなる」ことになります。

「注目が奪われる！」と、嫉妬の発作を起こしている人をイメージしたとき、その人の陰には「孤独でおびえている」という姿があります。

その孤独でおびえている人を「何もない『無』の世界に連れていくなんて嫌がらせ？」と思われるかもしれませんが、それでもかまいません。

人は「無」の中に、ありとあらゆるもののつながりを感じることができるから、「孤独」から解放されるのです。

名声や地位、そして実績などのさまざまな幻想が「無」を邪魔するから、「つながりから遮断されて孤独になる」わけです。

すべてを取り払った「無」の状態に連れていってあげると、「孤独」とは無縁の世界になり、嫉妬の発作は治まります。

それが相手の脳へとミラーニューロンを通じて伝わるので、孤独の発作が打ち消された催眠状態へと相手はいざなわれていくのです。

催眠療法でパートナーの嫌味が止まった！

ある女性は「全然動けない！」と長年引きこもっていたのですが、催眠療法を勉強してから、「ちょっと動けるようになってきた」と言います。

すると、それまで献身的に助けてくれていたパートナーの態度が急に冷たくなり、「いつまでそんなダラダラしているんだよ！」とか「人のことにあまり干渉してくるなよ！」と攻撃的になったそうです。

それまで、パートナーからそんな冷たいことを言われたことがないので、「なんでそんなことを言うの？」とショックを受けてしまいます。

パートナーは有名企業で働いていて、その女性は家に引きこもって何もできずにいたので、「そんな私に嫉妬しているわけがない！」と思います。

でも、「かまととぶるのをやめる！」と書いてあったのを思い出して、自分で「かまととぶるのをやめちゃおう！」と思ってみたら、「あ！　パートナーは私がパートナーよりも精神的に健康になってきたことに嫉妬の発作を起こしているんだ！」ということがわかってきます。

引きこもり状態から、自力で健康的になったことから、「パートナーよりも優れている！」というのが伝わってきます。そこで、嫉妬の発作を打ち消す催眠を使ってみることにします。

「パートナーをイメージの中で宇宙空間に飛ばす！」と、かなりシンプルな催眠なので、「これで大丈夫なの？」と思うのですが、イメージの中でパートナーを無の世界に飛ばしていると、現実世界でパートナーが「その僕を見る目が怖い」と言ってきます。

「そう？　いつもと変わらないけど！」と言いながら、「宇宙空間の無の世界に飛ばしていたらそりゃ怖いよね！」と心の中では笑っています。

「ドーンと飛ばしちゃえ！」と飛ばし続けていたら、「あれ？　変な嫌味を言わなくなって、パートナーが寄り添ってくるようになった！」のでびっくりします。

「あ！　この人ものすごく孤独だったんだな」とわかるようになって、「私をこれまでお世話をしてくれていたのは、孤独だったからなんだ！」と、パートナーの正体が見えてきます。

するとと、パートナーと適切な距離が取れるようになって、「もう、嫉妬で足を引っ張られなくなったかも！」と元気に外の世界に出られるようになります。

外の世界で「宇宙空間の無の世界に飛ばしちゃおう！」と、自分に嫉妬をしてくる人たちに、イメージの催眠療法をかけて楽しめるようになってきたのです。

7

「下げる発言」は全部スルーでいい

まったく認めてくれない母親

以前、母親に自分が執筆した本を送ったので、「あの本、読んだ？」と聞いたことがありました。

すると、「読む時間がないから読んでいない」と言うので、「ガーン！」とショックを受けます。

次に執筆した本も送ったのですが、「あれも時間がないから読んでいないのよ！」とまたまた言われて、私はなぜか精神的なダメージを受けてしまいます。

「私の本を読む時間がない」ということは、長年続けていた仕事を退職して時間があるはずの母親にとって、「読むだけの価値がない」と言われているのと同じ……。

母に「読む時間がないから」と言われたときに、「あ、忙しくて時間がないんだ」と私は素直に受け取らないで、「あ、私の本はくだらなくて読む価値がないんだ」と思ってしまうわけです。


実は、これには布石があります。

一番最初に出版した本は、母親から「誤字脱字をチェックしておいたから」と付箋だらけの本を返されました。

一番最初に出した本と比べたら、内容が薄いから読む価値がないの？と私は考えてしまい、どんどん落ち込んでいきました。

母親は「児童作家になりたい」という夢があって、児童作家の先生のところに昔は定期的に勉強会に行っていました。私も連れられて先生のところを訪れて、その先生からサイン入りの本をいただいたことを覚えています。

そんな母親よりも、子どもの頃にまったく勉強ができなくて、泣き虫だった息子が本を出している、となったら「ビビビッ！」と嫉妬の発作が起きるわけです。

嫉妬の発作が起きたときに「破壊的な人格」に変身すると、自動的に「相手がダメージを受けるような発言」が出てきてしまいます。

「え？　大切な子どもに対して親が嫉妬の発作を起こすの？」と、一般的には疑問視されますが、「人間も動物」なのです。

だから、**どんなに大切に思っている子どもに対しても、「嫉妬の発作」は動物的な発作だから、自動的に起きてしまう。**

そして、嫉妬の発作で、意図せずに相手がダメージを受けるような言動をする。

その言動を真に受けてしまうと、「ガーン」とダメージを受けて、私のように立ち直ることができなくなってしまうのです。

嫉妬から出た言葉はすべて実体がない

嫉妬の発作を起こしているときの前提は「うそ」なのです。

すると、「お母さんが忙しくて時間がないのは本当じゃないの？」と突っ込みを入れてくる人もいます。

たしかに、忙しくて時間がないのは本当かもしれません。

でも、よく考えてみると、私の本には「母親のこと」がたくさん書かれているので、「自分のことが書いてある本を読むのが苦痛」というのが、たぶん母親の本音なんでしょうね。

「読む時間がないから」は「うそ」で、本音はもっと別なところにある。

こう言うと、私のことを「親を苦しめている悪い息子」という見方をする人が、「だったら、なんでこんなふうに母親のことを書くの?」と、言ってくることがあります。

このとき、私の中で「あなた、私の親に子ども時代に育てられた経験があるの?ないのになんでひどいとか言えるのかな?」とふつふつと怒りが湧いてくるのは、相手が嫉妬の発作で破壊的な人格に変身している証拠。

相手の嫉妬の発作の破壊的な言動で見事に私は怒らされて、そして自分の怒りでダメージを受けてしまいます。

人は他人の親なんて、本当の意味で心配していない。

「これを読んだら親御さんが」という言動は、ただの「うそ」で、優しい人を演じているだけ。その言動に実体はありません。

人は自分のことだけで精いっぱい

私がこうして母親のことを書いているのは、本当の意味で母親をリスペクトしているから。文章の中に隠されたリスペクトに対して、嫉妬の発作を起こして「そんなふうに母親のことを書くなんてひどい！」となるのも、「うそ」という前提でいると、世界がちがって見えてきます。

人からの言葉で「ガーン」とか「ドーン」と落ち込んでしまうときの前提は、嫉妬の発作で「相手のうそ」なのです。

「自分が間違ったことをしているのかも？」とか「自分が相手に不快なことをしてしまったのかも？」と反省し始めたら、「相手のうそ」。

「あなたに良かれと思って言っている」「これが世間様に広がったら大変なことにな

る」と言うと、一見優しい思いのように聞こえます。

しかし、**本心では他人なんてどうでもいいと思っているし、世間がどうなろうと自分自身は関係ない、というのが多くの人の中に流れる共通認識**なのです。

「なかには本当に善意を持ってやっている人もいるでしょ！」と思うかもしれませんが、その人たちも「ものすごい罪悪感」を抱えているから、その償いとして「いい人」になっているだけ。

「そんなことを考えながら人を見たらちっとも感動しないしおもしろくないでしょ！」というのも、「うそ」なのです。

「みんな同じ人間」なのです。

みんな嫉妬の発作を起こすし、排泄も毎日しています。

だから**「嫉妬の前提はみんなうそ」と思っていたほうが、嫉妬の実体を簡単につかめるようになる**のです。

すると、本当の自分自身の姿が見えてきます。

8

自分の感情を排除して、相手の真意を見抜く！

カウンセリングに役立つＦＢＩ捜査官の手法

私は学生時代に「ＦＢＩ心理捜査官」の本を読んで感動しました。

心理捜査官は、犯人の足取りとまったく同じように歩くことで、「お！　犯人の次の行動がわかる！」と本当に犯人の行動を予測して、逮捕につなげることができます。

あんなふうに私がやるのは無理だ！と、学生時代に絶望的な気持ちになったことがありました。

なぜなら、人の行動を読むってものすごく難しいし、人の本心がどこにあるのか？ということが心理学を勉強した私にもまったくわからなかったから。

カウンセリングの仕事をするようになって、私はＦＢＩ心理捜査官の話を思い出します。そして、私は「悩んで相談にいらっしゃっている方の足取り」を相手の立場になって追ってみます。すると不思議なことが起きます。

相手の実家を見たことがないのに、実家のイメージが私の頭の中に浮かんできます。そして、実際に実家の写真を見せてもらったら、「そのままだ！」とびっくり。

また、悩んでいらっしゃる方の話を聞きながら、足取りを一緒に頭の中で追っていると、その方の家族の姿が浮かんできたことがありました。そして、ご家族の方にお会いしてみたら、「イメージしていたのと同じ人だ！」とちょっと感動します。

「ＦＢＩ心理捜査官がやっていたことってこれなんだ！　意外と簡単じゃん！」と失礼なことを思います。

簡単というのは、**ただ単純に、相手の気持ちを予測せずに、「相手の足取り」を追うだけ。FBI心理捜査官のように「犯人になりきって頭の中で行動する」**ということです。

「犯人は憎しみを抱いていた」「あの人はさみしかった」などの気持ちを全部省いて、

相手と同じ言葉づかいで、同じ声のトーンで、そして歩いたルートを同じペースで歩いてみる。

それだけでなんで犯人の行動がわかるの?というと、トリックは「ミラーニューロン」にあります。

脳内の神経細胞であるミラーニューロンは、「相手のまねをすればするほど活性化される」という特徴があります。

その特徴を利用して、犯人の足取りや使った言葉をまねしていくと、ミラーニューロンが活性化されて犯人の脳とつながることができ、「犯人の次の行動が見えた!」となるわけです。

私が、悩んでいる方の足取りを追っていたら、頭の中に実家が浮かんだのもミラーニューロンが活性化したからなのです。

「私が悪かったのかも？」と思わなければ、振り回されない

嫉妬の発作を起こしてきた人に何か言われたりすると、「自分が何か悪いことをしたかな？」と反省したり、「なんでこんなことをされなきゃいけないんだ！」と怒ってしまうのは、「相手が嫉妬の発作で破壊的な人格に変身しているから」です。

相手のもっともらしい破壊的な言動で「自分自身の怒りや罪悪感」にとらわれてしまうから、「相手の足取りを追う」なんてことは絶対にしませんよね。

しようとしても、「相手は私を憎んであのように言ったにちがいない！」「相手は私のことを心配して」などと「相手の感情」を前提にしてしまうから、感情をふくめないで足取りを追うことができません。

そうすると、「相手の嫉妬の全貌が見えない」ままになので、「悪意でしかない！」と怒ったり、「私が悪かったのかも？」と罪悪感にとらわれたりするなど、相手の「う

そ」に振り回されてしまうのです。

嫉妬の発作で破壊的な人格に変身しているときの「相手のうそ」を見抜けたら、かっこいいでしょ。それがＦＢＩ心理捜査官のテクニックでできるようになります。

感情を抜きにして、相手の足取りを追えばいいのです。

ある女性はボスから「あなたは女性だから」と言われて落ち込む、ということで悩んでいました。

「それってセクハラやパワハラですよね！」と怒りが湧いてくる一方、「やっぱり自分がちゃんと仕事ができていないから、そんなことを言われるのでは？」と不安になります。

「ちゃんと仕事をしていたら、こんなことを言われるはずがないのに！」と努力すればするほど、「女性だから先を見通す力がない」「ほかの男性になめられてしまうから交渉が上手くいかない」などと言われて、「ムカつく！」と過剰に仕事をがんばってしまいます。それで体調を崩して「あーあ、やっぱり自分だからダメなのかな？」と反省して、悲しくなります。

そんなときに、女性は「ＦＢＩ心理捜査官の手法を使って嫉妬のうそを知る」というテクニックを使ってみよう、と思ったわけです。

上司の実態をつかんだら、パワハラが止まった！

女性は自分の頭の中で、ボスがふだんやっている行動をまねしてみます。

椅子の背もたれに思いっきり体重を乗せて、そして経済新聞を読む。その経済新聞をめくるスピードまで同じに。

すると、「あ！　ボスはあまり新聞の内容を細かく読んでいないな」ということがわかってきて、「なんだ？　これは？」とおもしろくなってきます。

今まで「ボスは経済のことを何でも知っていてすごい！」と思っていたのに、「あれって流し読みをしていただけ？」とだんだんボスの「うそ」が見えてくる。

そして、歩き方、食事の仕方などを観察しながら頭の中でまねをしていたら、「あれ？　この人、男性としてまったく自信がないんだ」ということがわかってきて、だんだん怖くなってきます。

「こんなことまでわかってしまって、この人と一緒に仕事ができるの？」と不安になります。

でも、男性的な自信がないから、若くて美しい私に対して嫉妬をして、「うそ」が口から出てくるんだ、とわかってきます。

すると、「あれ？　ボスからひどいことを言われなくなった！」となるから不思議。ボスは女性にびくびくして気を遣うようになり、女性はすごく仕事がしやすくなりました。

なぜこんなことが起きたのか、それは女性が「自分を、ボスよりも下！」と思わなくなったから。

「ＦＢＩ心理捜査官のテクニックってすごい！」と、女性はそれ以来、そのテクニックを使うのが病みつきになりました。

9

「うそのカモフラージュ」で「本来の自分」を取り戻す！

「高潔な人」ほど嫉妬のシャワーを浴びまくる

嫉妬の発作が起きる条件は、「自分よりも下の立場なのに、相手が優れたものを持っていること」です。

たとえば、「部下なのに、私よりも優れた仕事の企画を持ってくる」と思うと、「ビビビッ！」と発作を起こして、「あんたの企画は会社のために不利益を及ぼす」という「うそ」をついてしまいます。

子どもが親に「お母さん、お祖母ちゃんにいじめられているの？」と心配して聞いたときに、「そんなよけいなことを考えている暇があったら、ちゃんと勉強しなさい！」という「うそ」が出てきます。子どもという時点で「自分よりも下」の立場になります。そして、姑との葛藤を見せないようにしていたのに、「子どもは鋭い目を持っている」ということで、「うそ」で子どもの鋭い目にダメージを与えてしまうわけです。

もうひとつの嫉妬の条件は**「高潔さ」**にあります。

「高潔」とは「心がけだかく、清らかな・こと（さま）」。

（『三省堂　大辞林　第三版』より）

「謙虚で清く正しく生きる」人は、嫉妬のシャワーを浴びまくります。

私は「高潔さ」には「謙虚さ」もつきものだと思っています。

謙虚な相手は「自分よりも下」と動物はみなしてしまう。そして「清く、正しい」というのは「自分よりも優れている！」となる。

なぜなら、嫉妬の発作を起こすとき、「うそ」をついているわけですから、「高潔さ」とは無縁ですよね。だから、「自分はうそで汚れている」という自覚がなんとなくある。

そこに「真面目な高潔な人」が近寄ってきたら、「私よりもきれい」と思って、動物的な本能で「ビビビッ！」と嫉妬の発作を起こし、「うそ」をつきまくる。

嫉妬された側がその「うそ」を真に受けてしまったら、ますます高潔になり、どんどん嫉妬の発作が止まらなくなって、「相手の嫉妬のうそで振り回されまくる！」のがこの世の常なのです。

「うそをつかないようにする態度」が周りの嫉妬を招く

私は幼少期から、キリスト教の教えで「うそをついてはいけません！」と言われて育ってきました。すると、「うそをつかないようにしなければ」というのが「高潔さ」になってしまい、嫉妬の引き金になります。

相手がうそをついているのに気づいても、そのうそを指摘して責めることを一切しない。いつも「人の振り見て我が振り直せ」という感じで、自分を清く正しくしなければ、と思って行動しているのに、なぜか「みんなにうそをつかれまくり」になって、「うそ」で現実世界がどんどん歪められていく。

私はそれをずっと経験してきて、他人のうそでものすごいダメージを受け、時間をものすごく無駄にしてきてしまいました。

高潔な人は「他人を傷つけないのだったら、それもまたしかたない」と思ってしまう。だから、私はそれをやり続けて、ずっとみじめな思いから抜け出すことができませんでした。

「5人の子持ち」設定で緊張感が消えた！

あるとき、催眠のお師匠さんに出会ったばかりの頃、お師匠さんが私のことを「大嶋さんはこう見えても5人の子どもを育てている苦労人なんだ」とみんなの前で紹介したことがありました。

そのとき、私は「このお師匠さんはすごい！」と思ったわけです。

一瞬にして、私の高潔さを見抜いて、それで私がどれだけこれまでの人生で苦労してきたかを感じ取ってくださった。

まあ「催眠療法を勉強して苦しんでいる人の少しでも役に立てれば」と、お師匠さんの前で高潔な発言をしていたから、わかりやすかったのかもしれません。

「5人の子どもを育てている」というお師匠さんの「うそ」に乗っかって催眠の講座に参加していると、「あれ？　全然これまでとちがって頭が働く！」とびっくり。

それまで私は人前になると、「あわあわあわ」と緊張して言葉が出てこなくなったり、「よけいなことばかり言って場の空気を白けさせる」ということばかりだったのに、それが一切なくなりました。

自分が本来の自分のままに生きられる感じがあって、「何？　これ？」とびっくり。

「うそ」で高潔さを汚して、「みんなと同じうそつきですよ！」とカモフラージュすることで、誰からも足を引っ張られなくなりました。

「こんなに世の中って生きるのラクなんだ！」と、「うそ」の迷彩に感謝。

そうなんです、「なんでもどこでも正直でなければ」という高潔さが、「嫉妬で攻撃してください」というような感じの真っ白なターゲットになっていたのです。

だから「どうして、どこにいてもこんなに目立って攻撃されるのだろう？」となっていました。

「適当なうそ」で自分の高潔さをカモフラージュしてみると、「みんなのうそ」で私は本来の自分でこれまで生きてこられなかっただけ、ということがはっきりわかるようになります。

「うそ」のカモフラージュでどんどん本来の自分を取り戻して、そして自由に生きられるようになっていきました。

たとえば、そう、私の年齢は「38歳」なのです。

こんな小さなうそでも、カモフラージュになって、嫉妬の「うそ」を防ぐことができるようになるから、「どんだけ私の中身は高潔なんだ！」と思うのです。

ちっちゃなうそから始めれば大丈夫。

そこから本当の自分の姿へと、嫉妬の「うそ」をよけながら戻っていきます。

第4章

「自己免疫」を整えて、迷惑な人を寄せつけない！

1

花粉症も改善する、言葉の威力

解決策はクライアントの中に

この章ではみなさんの才能を思う存分輝かせるため、嫉妬の攻撃に強くなる方法をお伝えしたいと思います。

どうしたら嫉妬されることと無縁の状態になれるのか、それは「自己免疫」が鍵となります。

カウンセリングを始めたときは、「話を聞くだけで相手の苦しみを緩和できるはず」と信じていました。

でも、実際、カウンセリングの仕事をするうちに、「あれ？　お話を聞くだけでラクになっていただける方とそうじゃない方がいるぞ！」とショックを受けます。

腕のいいカウンセラーの場合、話を聞くだけでラクになるケース以外は、医師などの専門家に紹介するのが一般的です。

私もはじめの頃は、そのように指導されて、医師などの専門家に紹介していたのですが、**「専門家は、症状を受け入れてもらう仕事でもある」**と気がつきました。

専門家は診断基準に基づいて診断して、「あなたはこの病気ですよ」と適切な薬を処方します。

私は、専門家の素晴らしい臨床力にとても興味を持ち、脳の機能や遺伝子、さらには「自己免疫」の観点からちゃんと診断して処方しているんだろうなと、とてもうらやましく思っていたのです。

あるとき、専門家の言うことをちっとも聞かないクライアントさんがいたので、「ちゃんとお医者さんの言われた通りにお薬を飲まなきゃダメでしょ！」と言ったことがありました。

　すると、その方は「大嶋君！　呪文を頂戴！　呪文を！」と言うので、「はい？」となります。「今の私の症状が楽になる呪文をなんかひとつ頂戴よ！」と言われて、私はその方に「私は、真面目なカウンセラーだからそんな怪しいことはいたしません！」ときっぱりと断っていました。

　それから月日が経って、「じゃあ、遺伝子のコードを唱えてみましょう！」なんて自分が言っているなんて、その当時は想像することすらできませんでした。


　今考えてみると、専門家の言うことを聞かなかったクライアントさんは、未来の私がやっていることを知っていた、ということになります。

　私はいつしか、「本当の答えはクライアントさんの中にあるんだな」ということに気がついて、クライアントさんの話から、遺伝子のコードを使ってみたり、自己免疫に注目を向けて、「どうやったらこれが変わるのかな？」と考えるようになっていたのです。

薬が効かなかったアレルギー性鼻炎

「自己免疫」というと、私はずっとアレルギー性鼻炎だったので、ものすごくその苦しみがわかります。

小学校の頃、母親に頼んで、「なんとか鼻炎を治したいからお医者さんに連れていって」と、遠くの耳鼻科にバスで連れていってもらったことがありましたけれども、耳鼻科でいくら診察してもらっても、「これじゃ自分の鼻炎は治らないかも？」という気がして、通うのをあきらめてしまいました。

勉強に集中しようとすると鼻水が気になってしかたがないし、授業中も鼻水が気になって全然授業に集中できません。

「はなたれ小僧！」とバカにされるかもしれない、とビクビクしていたので、友だち関係もうまくいきませんでした。

こんなことを書くと、「それはただ言いわけをしているだけ！」と思われてしまいますよね。まあ、アレルギー性鼻炎を持っていても、勉強に集中できる人はいるし、優秀な人はたくさんいるはずだから、自分でも「言いわけだろうな」と思います。

でも、私としては「言いわけ」と判断する前に、「この鼻水をなんとか治してよ！治してくれたら、言いわけって認めるからさ！」と言いたい。

「言いわけ」と決めつける前に、このアレルギー性鼻炎の仕組みと、実際に効果的に改善されるものなのかどうかを試してほしい、と思うわけです。

ちなみに私は薬が一切ダメでした。胃腸が敏感なので、薬を飲むとすぐに体調を崩してしまい、大変なことになってしまうのです。

自分でもやっかいな患者だな、と思うのですが、大人になった私が子どもの私の願いを叶えてみます。

「私は花粉を許します！」

アレルギー性鼻炎に関係する「花粉症」は、自分をバイ菌やウイルスなどの悪い物質から守ってくれています。

自分の体内にある「自己免疫」が「花粉は敵だ！」と攻撃しちゃうから、風邪のよ

うなくしゃみは鼻水を出して花粉を外に出そう！としているのです。

「花粉は敵！」と認識しているから、鼻水が止まらなくなるんだ！ということに気がついて、鼻がムズムズしたときに**「私は花粉を許します！」**と何度か唱えてみたのです。

すると、目がゴロゴロ、鼻がムズムズして、喉もイガイガしていたのがスッと治って、「あれ？　喉の奥で花粉の甘さを感じる！」という不思議な体験をしました。

鼻水が出そうになったときに、「私は花粉を許します！」と何度か唱えると、鼻水が出てこなくなったので、「おい！

これ小学生の頃に知りたかった！」と思ったわけです。

あるとき、鼻がムズムズしたので「私は花粉を許します！」と唱えても、「あれ？　治らない！」と焦ったことがありました。

そこで、「もしかしてこれはＰＭ２・５かもしれない！」と思い、**「私はＰＭ２・５を許します！」**と唱えようとしたら、「許さない！」と私の中で抵抗感のようなものが湧いてきてびっくりします。

それを「許します！」とできたときに、「おー！　ムズムズが治った！」とびっくりしました。

カウンセラーの駆け出しの頃、あのクライアントから「呪文を頂戴！」と言われて、「おかしなことを言う人だ！」と思っていたのに、いつのまにか、「もしかしたら、クライアントの中に真実があるのかもしれない」と、さまざまなことを探求するようになっていたのです。

2
自分を責める人に必要なのは「本当の許し」

外のものだけでなく、自分の体も攻撃してしまう

自己免疫は、本来は身体に悪いものを攻撃し、自分を守ってくれるものです。ところが、「悪いものじゃないのに攻撃しちゃう！」のが、アレルギー反応になります。

花粉症は一番わかりやすくて、最近では「食べ物のアレルギー」などもちゃんと理解されるようになってきました。

20年前は「食べ物のアレルギーなんか甘ったれている！」とまったく理解されな

かったのに、最近では「普通の子が食べても大丈夫なものでも、アレルギー体質の子は食べたらダメなんだ」ということがわかるようになってきました。

自己免疫で興味深いのが「外から入ってきたもの」を攻撃するだけではなくて、自分の体も攻撃しちゃうということ。

「自分の身体なんだから攻撃する必要はないじゃない！」と、何も知識がない私は思っていました。でも、実際に自己免疫は「皮膚を攻撃しちゃう！」とか「元気のホルモンが出る場所を攻撃しちゃう！」となったり、「緊張のホルモンが出るところを攻撃しちゃう！」なんていうのもあったりします。

皮膚を攻撃されると、「かゆくてたまらない！」とイライラしちゃったり、落ち着きがなくなったりします。

元気のホルモンの場所を攻撃されると、「だるくて動けない！」とか「頭がまったく働かない！」とか、「集中力や記憶力がなくなった！」という状態になります。緊張のホルモンが出る部位を攻撃されると、緊張が止まらなくなり、普通の人の中で浮いてしまいます。どこにいても誰とも心から仲良く打ち解けることが難しくなってしまうのです。

暗示で自己免疫の暴走を止める！

自己免疫のシステムは「嫉妬のメカニズム」とよく似ています。

嫉妬されてダメージを受けると、「自分を責めちゃう」という感じで、自己破壊的になってしまいます。

自分を責めて、イライラしたり、元気がなくなってどんどん悲観的な考えになってしまったり、自分にダメ出しをして緊張が止まらなくなったり、自信を失って集中力や記憶力がなくなったりしてしまう、といった状態に陥ってしまいます。

自己免疫が自分の正常細胞を攻撃する仕組みと、嫉妬の仕組みは同じように見えてくるから、とてもおもしろいのです。

私は、子どもの頃からいつも「自分はダメ人間」と、自分を責めてきました。

そして、最近わかってきたのは、**「自分を責めちゃうのは嫉妬の電流を浴びているから！」**ということ。そして、私自身が花粉症の症状から自己免疫のことを知り、「責めないで許してあげればいいんだ！」思って、試しに「私は花粉を許します！」と唱えてみたら、「あ！　鼻水が止まった！」というのは不思議な体験でした。

許してあげることで、自己免疫の攻撃が止まったらすごいことです。

もしかしたら、「自分を責める」ことが自己免疫を乱してしまって、正常細胞を攻撃してしまっているのかもしれない。

もっと考えを深めていくと、自己免疫が乱れて、自分の正常細胞を攻撃しているから自分を攻撃することが止まらない可能性もあります。

イギリスの研究で、母親が子どもを幼くして亡くしてしまったら、「多発性硬化症」という自己免疫疾患になる確率がものすごく高くなる、という報告がありました。

自分を責め続けることで「自己免疫抗体」ができあがってしまい、正常細胞を攻撃してしまう、という可能性。そして自己免疫抗体ができあがってしまったから、「自分を責めることがやめられない」となってしまう可能性があります。

どちらにしても、「自分を許す」ことがものすごく大切なことなんだと、実感しているのです。

最近わかったのは、**「自分を責めるのが止まらない！」となっているときは、「抗hCG抗体を許します！」と唱えると、気持ちがおさまるケースがある**ということ。

また、**「自分に常にダメ出しをしちゃって緊張が止まらない！」という方は、「抗副腎皮質抗体を許します！」と唱えてみるのがおすすめ**です。ダメ出しが止まったり、緊張しなくなったりしますよ。

多くの人は、自分を責めるのがクセになっているようですが、そこにはもっと深い仕組みがあって、「本当の許し」というものが必要になったりするのです。

3

寛容な人になれる「嫉妬の原因は菌」説

「あの人、菌が足りないのかも」

ある方が「日本だと道を歩いているだけでも嫉妬の視線を感じるけど、海外だとそれを感じない！」とおっしゃっていました。

この話が興味深かったのは、ひとりの方だけじゃなくて、たくさんの方からこのようなお話を聞くこと。「何が原因なんだろう？」と思っていました。

脳のネットワークで相手からの嫉妬の言葉が伝わってくるから、その言葉を理解できればできるほど「ダメージを受けちゃう！」となるのかな？と考えてみたのですが、どうやらそれだけではなさそうなのです。

いろいろな方の話を聞いていくと、**「あ！　雑菌が関係しているんだ！」**と、嫉妬に関するパターンが見えてきました。

嫉妬の攻撃を感じない国ほど、「衛生面にちょっと問題があるかも」という特徴があります。

実は、「自己免疫」というのは、脳だけではなく、腸内で調整されているのですが、花粉症の研究では、家畜などを飼っていて除菌などと無縁な生活をしているアメリカのアーミッシュ（自給自足をしているグループ）だけが花粉症の症状が出ていない、という結果が報告されました。

そして、私はこの研究結果から、**「もしかすると、家畜の菌などにまみれていて、除菌などと無縁だと、花粉を異物として攻撃しないように、人のちがいも嫉妬で攻撃しないのではないか？」「もしかしたら、人の嫉妬の原因は菌が足りないからなのかもしれない」**と考えたわけです。

ある方が、自分の孫がいつも皮膚がかゆいと言ってイライラしている、とのことで、孫のために徹底的に除菌していました。

それでも孫のかゆみはまったく治らないので、その方が「庭で泥遊びをしてもいい」と方針を変えてみると、孫はかゆがらなくなったそうです。

ここで、皮膚を攻撃してしまう自己免疫が、泥遊びをして菌を採取することで安定した、という可能性が見えてきます（個人差がありますので「誰でも」ということではありません。その人の体質やその土地の土にもよります）。

自分も相手も責めなくなる、「ナラティブセラピー」

自己免疫が乱れていると、反省したり、自分を責めるのが止まらなくなったりするのかもしれない、と言いましたが、雑菌に敏感になり、必死に除菌をすればするほど、「腸内の菌が足りない！」「自己免疫が異物に敏感！」となってしまい、攻撃するのが止まらなくなります。

すると、「あれも異物！」「これも敵！」と、実際は害がないものまで攻撃しまくってしまう。そうして嫉妬の電流を浴びた人が「自分や他人を責めるのが止まらない」

と自己免疫が暴走してしまって、大変なことになってしまうのです。

これはひとりの心理カウンセラーが書いているものですから、あくまでも「物語」です。私が理解している「ナラティブセラピー」という手法になります。

「自己免疫」とか「嫉妬」、そして「菌」や「雑菌」などの配役を使って、「嫉妬はなぜ起きるのか？」という「物語」をつくり出しています。

その物語が何の役に立つのかと言うと、嫉妬の発作を起こしている人を見たときに、「あ！　あの人には菌が足りないのね！」といつのまにか思うようにな

るということ。つまり、無意識のうちに「嫉妬をしてくる人を許す」ようになっているのです。

「花粉が許せない！」と思っているときは、「鼻水が止まらない！」などの症状がひどくなってしまうけれど、私の場合は「私は花粉を許す！」と唱えたときに、「あ！症状がなくなった！」となりました（もちろん個人差はありますし、許す相手がちがっていたりすることがあります）。

そこで無理やり「嫉妬してくる相手を許すと唱えなさい！」と言われても、「私を傷つけてくる相手をどうやって許せばいいの？」となってしまいます。

しかし、「雑菌」とか「自己免疫」などの配役が登場する物語を聞くと、嫉妬してくる相手を、心の奥底で知らず知らずのうちに許すようになって、「あれ？　自分を責めなくなっている！」と不思議な体験ができたりするのです。

嫉妬してくる人たちは雑菌が足りないのかもしれない。

ただ雑菌が足りなくて、自己免疫が暴走して嫉妬の発作が起きているだけなのかもしれない。

ひとつの物語は、その人にさまざまな形で働きかけて、いつのまにか自分自身も雑菌に対して寛容になっていて、自由にいろんなことに挑戦できるようになっていたりするのです。

4

ストレスを和らげる「腸内細菌を増やす」暗示

「社会性」も菌に関係がある？

先ほどした話は「ナラティブセラピー」なのですが、専門家の方は「健康な人の腸内細菌を移植して難病を治す」ということを研究しています。

健康な人の腸内細菌を、難病を抱えている人に移植したところ、「難病が治った！」というケースが報告されていました。

自己免疫と腸内細菌は関係しているらしく、「腸内細菌が他人から移植されることで自己免疫の乱れが治った！」という仕組みだそうです。

これを聞くと、長年自己免疫の問題である花粉症などのアレルギー性鼻炎で苦しんできた私は、「もっと早くやってよ！」という気持ちになります。

アメリカの研究科学誌として有名な『ネイチャー』に、乳酸菌の一種である「ロイテリ菌」が自閉症スペクトラムのマウスモデルの社会性を回復させた、という論文が掲載されていました。

どうやらロイテリ菌が、社会性のホルモンである「オキシトシン」の分泌を促進させる効果があるようで、「社会性が改善される」ということみたいなのです。

「これってすごい！」と驚きます。

実際に腸内細菌を移植した人が、「食べ物の好みが変わった」ということがあるそうで、「腸内細菌っておもしろいな！」と思ったわけです。

「ロイテリ菌を受容する！」

この研究が進むのには、けっこう時間がかかる気がしていますが、カウンセリングの現場では「いま、必要！」なのです。そこで、クライアントさんが示してくださった、「呪文を唱えてロイテリ菌を増やしちゃおう！」ということに挑戦してみます。

「外に出るのがおっくう！」という男性がいたので、**「ロイテリ菌を受容する！」**と7回ワンセットで唱えてみてください、とお願いします。すると1週間後に、「髪の毛が太くなりました！」と喜んでいたので、「そっちかい！」とズッコケました。

でも、これってあながち間違っていないかも?と思うのです。

実は、私は「クセ毛と発達障害の関係」を以前からちょっと疑っていました。「クセ毛の人は社会性の問題とかが起きやすいのでは？」という、これまでの臨床経験から出てきた仮説です。

まあ、何を隠そう、私自身も「クセ毛」で子どもの頃から天然パーマでした。

私の場合は、頭皮の毛穴を丁寧に洗浄したら、「あれ？　ストレートになってしまった！」という不思議な現象が。

この話を腸内細菌と結びつけると、普通の人が消化代謝できるものが、腸内細菌が足りなくて消化できずに、それが油分のようなものになり、毛穴に溜まって、それがクセっ毛になるのかも！という、あくまでもシャーロック・ホームズ的な推理になります。

さらに、その消化代謝できない物質が「もしかしたらオキシトシンと関係している

のかも！」と仮説を立ててみます。

自分のせいにしなければ、自由に羽ばたける

今の段階で社会性がある人の腸内細菌を移植してくるわけにもいかないので、「ロイテリ菌を受容する！」と7回唱えてみます。

そこで何か変化があったら、「ほー！おもしろい！」となるわけです。

最新の研究では、「ロイテリ菌だけが他の菌とはちがって社会性と関係がある」と言われているみたいです。

このように考えてみると、「社会性がないのも、腸内細菌の問題で自分のせいじゃない！」ということがわかってきます。

人間関係でいつもストレスを感じてしまって、家に帰ってからポテトチップスとかを食べるのがやめられない！というのも、腸内細菌のバランスの問題でそうなっている可能性があります。

こんなふうに考えてみると、何ひとつ自分を責める必要がないことがじわじわと無意識に染み渡っていって、いつのまにか「ロイテリ菌を受容します！」と唱えていたりする。すると、食べ物の好みが変わってきたりするのは、自分が自分を許すことができたからなのかもしれません。

唱えるだけで、「やめられない、止まらない」といくら努力をしても変わらなかった自分が変わるにつれ、「自分を変えようと難行苦行の努力をしなくてもいいのかも」と思えるようになってきました。

「こんな自分じゃダメだ」という意識的な努力を必要とする世界から、「どんな自分でも無意識さんは受け入れてくれる」という無意識の愛の世界へ。

そう、自分で何も努力する必要がなく、どんな私でも受け入れてくれる無意識に任せて、私がどんなふうに自由になっていくのかを楽しんでみたくなったのです。

第5章

才能あふれる人たち（読者Q&A）

1 読者がいつもひらめきを与えてくれる

「ワトソン君、どう思うかね？」

ここからは、読者のみなさんからいただいたご質問に答えていきます。

最初は、「こんな私が質問に答えても大丈夫なのかしら？」と不安に思っていました。でも、答えていく過程で、「あ！　私はシャーロック・ホームズに出てくるワトソン君なんだ！」ということに気がついたんです。

コナン・ドイルの小説『シャーロック・ホームズ』をご存じかと思います。

天才探偵シャーロック・ホームズが助手のワトソン君とともにさまざまな難題を解

決するあの有名なお話です。

私は、シャーロック・ホームズが子どもの頃から好きでした。

小説の中でホームズはワトソンに謎解きの質問をします。

「ワトソン君、君はどう思うかね？」と。

「ホームズの頭の良さだったら、わざわざワトソンになんか質問しなくったって、自分で解決できるんじゃないの？」と思うのです。

でも、どうやらホームズは、ワトソンに質問をすることで何か新しいアイディアがひらめいているようです。

あの小説が出版された当時は、「ミラーニューロン（脳内の神経細胞）」が発見されていないので、著者であるコナン・ドイルも「相手に注目することで相手の脳のまねをしている」ということなんか知らなかったはずなのに、ワトソンに質問をすることで新しいアイディアがひらめく、というおもしろい流れを書いていました。

質問してくださった方が優秀なホームズで、あの推理の過程と同じようなことをしてくださっているんだ、ということが質問の答えを探りながらジワジワッと見えてきました。

答えはすべてあなたの中にある

質問に答えていて、自分だったらこんなアイディアは出てこないはず、という答えが頭に浮かんでくる瞬間に、「あ！　脳のネットワークで質問者のまねをしているんだ！」というのがわかってきます。

自分の中にあるはずのない答えがスラスラと私の口から出てくるのは、とても楽しいし、私にとってもたくさんの発見を与えてくれて、私自身が人間関係でさらに自由になることができました。

そして、質問に答えていく中で、さらにおもしろいことに気がつきました。

ここに掲載している質問は、もともと講演会で答える予定で、事前に来場予定の方から寄せていただいたものでした。この質問を読む前に講演会の内容は決めていたのですが、質問に答えているうちに、「あ！　この質問をしてくださった方の脳に影響されて、講演会であの話をしていたんだ！」ということが見えてきたのです。講演会の内容が、まだ見てもいない質問に沿って構成されていたことにびっくりしました。

実は、これと同じようなことをカウンセリングで体験しています。

昔、「このケースは大変！」と思って、お師匠さんに相談したことがありました。そして「お師匠さんから素晴らしいアドバイスをもらった！」と意気揚々とカウンセリングをしていたら、なんと、クライアントさんがまさにお師匠さんが言っていたままの気づきを私に話してくれたことがあったのです。

私は「え～！　それ！　私がかっこよくカウンセラーとして答えることだったのに！」と頭の中で悔しがります。でも、それと同時に脳のネットワークってすごい！と感動するんです。

私がお師匠さんに相談をしているときに、脳のネットワークでクライアントさんにつながって、クライアントさんは私とお師匠さんの脳を使って「あ！」という気づきを得ている。講演会でも、私がひとりで話をしている、と思っていたら、質問を考えてくれていたみなさんのアイディアをお借りして話をしていた。

そして、この原稿も、講演会には参加していないけれど、これを手にとって読んでくださっている方の脳をお借りして書いている。

いろいろな方の脳に影響されて、さまざまなアイディアが生まれてくる、という流れがこの1冊の本で見えてきました。

そして、この本を読んだ方が「あ！　これ、私も気がついてたことだ！」と思ったとしたら、私がその方の影響を受けて答えているからです。

未来に読んでくださる方の脳につながって、私はその方のアイディアを使って質問に答えている。

私は、シャーロック・ホームズから投げられる質問に一生懸命に答えようとしているワトソンです。

その答えは、コナン・ドイルが書いていたように「あれ？　ちょっと的外れな推理？」となるのかもしれません。

でも、ホームズは確実にその推理を無意識のうちに完成させていきます。

そう、ホームズに必要だったのは、正解ではなく、どこか的外れなおかしな答え。

その答えがホームズの無意識を起動させて、ホームズが求めていた方向に導いていたのです。

私は、この質問を通じてたくさんのホームズと出会いました。

その武勇伝を書き記したいな、と強く思うんです。

それでは、次のページから、読者の方とのQ＆Aを気軽に読んでいただけたら幸いです。

Q1

大嶋先生の本に書かれているキーワード（暗示の言葉）をつぶやくようにしていますが、数が多いので忘れてしまうこともあります。
以前の講演会で、「私が今日話した内容を忘れてしまっても、あとから何かしら効果が出る」みたいなことおっしゃっていましたが、本の内容やキーワードを忘れてしまっても、無意識レベルで心に作用しているものなのでしょうか？

大嶋先生： 暗示の言葉は忘れるほうがいいですね。意識的になるよりも忘れていたほうが必要なときに出てきたりします。意識的に暗示の内容を覚えているときよりも、あの暗示なんだっけ？と思っている状態のほうが効いています。

人間って実は、ものすごく記憶力があるんです。それをあえて忘れるということは、無意識下に落とされているということになる。たとえば「知恵と力の調整！」という暗示を忘れちゃっても、片づけしているときにふと思い出すこともあるし、その言葉自体覚えてなくても作用しているということ。

「あれ、なんだっけ？」の「あれ？」という段階で作用しているから大丈夫です。意識的にならないほうが良いということですね。

Q2

気になる男性が他の女性の話をするときに、ある特定の女性に対してだけ、どうしても反応してしまいます。

実際にはどうかわからないのに、自分にはない魅力があって、ありのままに接していることで受け入れられ、自分よりも大事にされていると感じるのです。

ひどい場合は、日常生活に支障をきたし、生きる気力もなくなり、発作的に感情をなくしたい気持ちに襲われます。

このような状態から抜け出すには、どのように捉えればいいでしょうか？

大嶋先生：嫉妬する、というのは裏を返せば心の成長の反応なんだよね。

特定の女性にだけ反応するということは、それは逆に相手から嫉妬されているということ。相手がこっちを意識していて、それをこっちが受け取ってしまって相手に反応しているという場合が多いです。

たとえば、男性が特定の女性と仲良くしているという話を聞いたときだけワッと思ってしまうのは、特定の女性から嫉妬されていると。こういう状態から抜け出すには「自分はもしかしたら嫉妬されているかもしれない」と思えばいいです。「この嫉妬は私のものじゃない」「相手からの嫉妬を私のものにしているかもしれない」と思えばいいですね。

相手の女性より長けている部分がある。自分で気がついてない部分なんだよね。自分がなんで嫉妬されるんだろうと思うから、おかしなことになってまう。潜在的に長けているところに嫉妬が向くものなんです。それに気づいてあげるといいよね。

Q3

自分の夢や目標、未来を語ることについて。願いごとや目標は、口に出すと叶うとよく言われますが、嫉妬の観点からすると、人に話さないほうがいいのでしょうか。話してしまうと試験がうまくいかない、旅行の日に悪天候になる等、嫉妬で邪魔されてしまう可能性もあるのでしょうか。

大嶋先生：言ったら確実に嫉妬されますよ。人に言わないほうがいいというか、言ったら当然嫉妬される。でも、嫉妬をエネルギーに変えられる人は人の前で言ったほうがいいですね。「絶対できないだろう」という周りからの嫉妬が入ってくる。それに対して「この野郎！」と思える人は、嫉妬をエネルギーに変えられる人。絶対やってやるって。

逆にそういうタイプじゃない人は静かに、虎視眈々と狙うのがいいです。心にとどめておくぐらいでちょうどいい。

Q4

私は人の話が聞けません。緊張して頭の中が真っ白になってしまいます。いい人と思われたい、きちんと話を聞かなければと、意識的になり、緊張して要点が抜けてしまうのです。人の話がきちんと聞けるようになる「遺伝子コード」、もしくは暗示を教えてください。

＊編集部注　ここで言う「遺伝子コード」とは、自分を困らせている特徴的な遺伝子のこと。その遺伝子コードを唱えることで、機能をオフにします。

大嶋先生：「SCN1A《エスシーエヌワンエー》の還元」と7回唱えるといいです。ビビリの遺伝子。全員の話を聞けないわけではなくて、話を聞けない人と聞ける人がいるんだよね。発作的な人のそばに行くと、話を聞けなくなる可能性が高いです。

たとえば面接とかで緊張して頭が真っ白になる場合、面接官が攻撃的な人の可能性がある。そういう場合は発作の人の発作を受けてビビッて感じになっちゃう。そういうときに、「ＳＣＮ１Ａの還元」と唱えると大丈夫です。

遺伝子コードを唱えるのが苦手な人は、暗示の言葉を唱えてみるといいでしょう。男性の場合は、「男性に生まれ変わる」と唱える。女性の場合は、「女性に生まれ変わる」と唱える。「恥をかくかもしれない」という気持ちがスーッと消えますよ。

Q5

仕事でも、プライベートでもいつも相手のことを考え、行動してきました。でも、一生懸命やっても、うまくいきません。もがけばもがくほど、ずり落ちていく感覚があります。今後何に注意していけばいいでしょうか。

大嶋先生：簡単な話です。真面目にやっているからいけない。不真面目にやれと。高潔だと嫉妬されて足を引っ張られちゃうから、できるだけ不真面目に。真面目にやらない。いい加減にやるのがいい。

Q6

「妊婦と胎児のミラーニューロンはどのように影響し合っているか」、また「双方にとってよいコミュニケーションとはどういうものか」、先生のお考えが知りたいです。

大嶋先生：僕らの意識レベルを超えた無意識の世界のつながりだから、頭で考えていることが胎児に影響するかというと、そうではありません。

そんなやわなものじゃなくて、もっと深い部分でつながっていて、そこには安心感とか安全感しかないから大丈夫です。

こうしなきゃいけない、ああしなきゃいけない、っていろいろ考えてもいいけれど、もっと深いレベルでつながっています。胎児はちゃんとあなたがこの子のことを愛しているっていうのは伝わっているから大丈夫。

胎児に語りかけてもいい。語りかけてもつながる。脳と脳だから。

Q7

次の①〜③の遺伝子コードを教えてください。

① 緊張での身体の震え・硬直で、動きのコントロールがきかないとき

大嶋先生：「ＭＡＰＴ《マップティー》の還元」と7回唱えてみましょう。「ＭＡＰＴ」は自分に対してダメ出しする遺伝子です。

② 失敗で血の気が引いたとき

大嶋先生：「ＣＯＭＴ《コムト》の還元」と7回唱えてみましょう。

「ＣＯＭＴ」は「戦い系」の遺伝子。本当はくそ～っと思っているのに、逆に捉えて、自分はビビッていると感じてしまう。本当は失敗してビビッているのではなく、自分が怒りで打ち震えてる感じです。

「ＣＯＭＴの還元」と唱えていると、自分がビビッているのではなく、怒っているんだということがわかってきます。

③ やりたい仕事が他人にいき、自暴自棄になってしまうとき

大嶋先生：「ＭＡＰＫ１《マップケーワン》の還元」と7回唱えてみてください。

「MAPK1」は共依存の遺伝子です。他者と分離できてないと、ちょっとしたことで自暴自棄になります。自分と他者を一体化して捉えてしまい、自分と他者のちがいがわかっていない状態です。他人に仕事を取られた、と感じて自暴自棄になったときに、「MAPK1の還元」と唱えると気持ちがラクになります。

Q8

嫉妬の影響を受けやすい人と受けにくい人がいると思うのですが、受けにくい人と同じような生活を送るのに一番大事なことはありますか？

大嶋先生：頭が良ければ嫉妬されます。だからバカを演じることがおすすめです。バカになるということとは、つまり、「真面目に考えない」ということ。私が意識的にバカになろうとするときは、お酒を飲んじゃいますね（笑）。真面目な人だとなかなか人前でバカになろうとすると難しいですよね。バカを演じるのが難しければ、バカなテレビ番組を見るとか、くだらない漫画読むとか。自分がくだらないなぁと思うことをやってみるようにしてみてください。

Q9

生まれ育った環境や能力のあまりのちがいを思うと、運命ってやっぱりあるのかな？　無意識に委ねても、すべてを自分の望むようには変えられないのでは？と無力感を覚えます。先生はどうお考えですか？

大嶋先生：定めはあると思います。ただ、「その定めにしたがって生きたいの？」と思いますけどね。定めに抗うことのほうがおもしろくないですか？

抗ったって何をしたって運命は同じ。でも流されるよりは抗ってみたほうがいいんじゃないかと思うんです。

「運命」だと思っていたことが、実は他人からの「支配」だったりします。

いっそのこと運命に抗って、誰にも思いつかないようなことをやってみてはどうでしょう？

「思うまま」と自分で思っていても、実は定められていることだったりしますが、結果的に、無意識のまま生きれば、「自分の思い通り」になります。

Q10

20年来、支配者レベルの女性から嫌がらせをされています。上司ですら彼女に逆らうことができません。上司は彼女を扱えないことをごまかすため、彼女がやらないことを他の人に押しつけ、彼女に対するクレームですら、パワハラのようなやり方で、握り潰します。今すぐ会社を辞めることもできないので、何かいい対処法がありましたら教えていただきたいです。

大嶋先生：こういう人、よくいますよね。けれども、そういうひどい人がいるから逆に周りを自分の味方につけられたりもしますよね。

周りの人には「あの人はひどい」という共通認識がある。嫌がらせをしてくる人をターゲットにして、みんなを仲間にしちゃえ！と考えれば、気がラクになりますよ。

「あの人大変よね」という言い方をして仲間をつくっていくのが、自分にとって一番良い環境なんじゃないのかなと思います。

結託する感じで安全な環境をつくっていくのがいいです。

すると、「むしろやられることがおいしい」みたいに思えるようになる。周りの人と結託していれば、ネタで盛り上がれるじゃないですか。やられるたびにおいしい、これはネタだぜみたいな。いかがでしょうか？

Q11 筋肉がなくていつもだるいです。身体が快活になる方法を教えてください！

大嶋先生：「プランク」という、腕の力だけで体を支える筋トレ方法がおすすめです。これを最初1分キープから始めてみて、徐々に時間を延ばしていく。

1分も厳しい人は10秒でもＯＫ。そうすると腹筋がついてきて、段々お腹が凹んできて、もっとやりたくなる。すると、体幹がついてきます。体幹がついていないときに、走ろうと思っても、膝を痛めたりします。そのことを察知すると、自分の中の防衛本能も働きます。今無理に運動しようと思わないのは防衛本能。

腹筋がついて体幹が身についてくると、動きたくなる。走りたくなる。けっこうみんなそれで走ってますからね。高齢者の方でも「プランク」をやっても大丈夫です。あとはラジオ体操。体幹もけっこう関係しますからね。

私の場合、ラジオ体操を走ったあとにやらないと腰を痛めてしまいます。個人的には、ラジオ体操は運動する前にやっちゃダメかなと思っています。筋肉を伸ばしすぎてしまうから。

終わったあとに整えるというイメージ。そうすると痛めないです。

以前、80代の知人で「ゴルフをやっているときに、だんだん腰が痛くなってきた」という方がいました。「ストレッチはゴルフの前にやるんじゃなくて、やったあとにやるといいですよ」とおすすめすると、知人はさっそく実践。たしかに腰の痛みがなくなったそうです。

Q12

プレゼントをあげる行為について質問です。大嶋先生のブログの中にある「イエスセット」を実践しようと、職場の女性にお菓子を差し入れしていますが、イエスセットが役に立つ場合と、相手に気を使って自分が下になり、嫉妬されるような逆効果になる場合があります。やはり相手が喜ぶものをあげればいいのでしょうか？

逆効果になる場合は、相手がほしいものではなかったということでしょうか？

職場の差し入れなどの場合、気を使って差し入れはしないほうがいいでしょうか？

＊編集部注　「イエスセット」とは、相手に質問して3回連続で「イエス」を心の中で言わせると、脳の神経ネットワークが刈り込まれて「素直ないい子になっちゃう〜！」という現象のこと。

大嶋先生：「イエスセット」を使うときは、全然関係ないテーマのほうがいいですよ。関係あることでイエスと言わせようとするから、うまくいかないと「イエスセットは役に立たない」と思ってしまう。

関係ないことでイエスと言わせたほうが自分の予測していない、おもしろい結果も得られます。

たとえば、自分の子どもに勉強させたいと思ったとき、子どもに「あなたは勉強したいと思っているよね？」と聞いて、「イエス」と言わせるのでもいいけど、「今日は友だちと話したの？　話ができた？」と聞いたなら、必ず答えはイエスになるはず。絶対友だちと話すもんね。

差し入れはしないほうがいい。どうしてかというと、「差し入れしないほうがいいでしょうか」と聞いている時点で、差し入れしてしまうタイプだよ。

こういうタイプの人が差し入れすると、逆効果に感じて、相手に使われるだけになってしまう。

差し入れすることで、嫉妬の対象になってしまうからやらない。むしろ、相手からもらったものをむしゃむしゃ食べればいい。

Q13

物心ついたときにはすでに解離してしまっていても、遺伝子コードを唱えることで、心豊かな人生を送れますか？

三つ子の魂百までという言葉に、負けそうになります。

大嶋先生：どういう定義なのか症状がわからないですが、唱えることで変わると思います。僕も同じように変わったから。

Q14

いろいろな発作を持っていて、いつも怒っていた人と15年間働いていました。

職場では常に誰かの悪口、家族や男性への怒りを口にしていて、私は聞いていると気分が悪いので、その人をほめたり楽しいことを提案して、笑っていられるような場づくりを当時、本能的にやっていました。

そのうちにその人はだんだんと変わっていき、リラックスした（ように見える）人格になっていったのですが、私を見る目がキラキラしはじめ（同性です）、甘えた声で助けを求めてきたり、私の長年通う習いごとの場に入ってきたり、あげくの果てに主人と2人の旅行についてきたりするようになったんです（これはノーと言えない流れでした）。

ついに私は我慢できなくなってしまい、仕事も習いごとも辞め、その人と距離をとりました。これは一体どういうことが起こっているのでしょうか？


大嶋先生：単純に嫉妬のメカニズムですね。

普通に考えると、「自分のおかげで相手が変わったのにもかかわらず、感謝しないでこっちを利用しようとしている」という感覚になるわけですよね。

それに対してあなたが「ずるい」という感覚になっている。

でも実際はちがう。「その人が嫉妬して、こちらを搾取しようとしている」という感覚がたぶんあるはず。

表面的に見たら、この相談者が変化した相手に嫉妬しているって話なんだけど、実際に起きていることは、相手が嫉妬していて、こちらの地位を奪おうとしているということ。

相談者は間違いなく相手を変えたんだから、すごい力を持ってるということ。実践して本当に変わるんだね。

相手は相談者の能力を嫉妬して、嫉妬の攻撃で破壊しようとしてる、という構図がおもしろいですね。

Q15

子ども（16歳、女子、高校生）が自閉症で、「自分の話したいこと」が止まらずよくしゃべっています。本当にたくさんのことを考えていますが、差別的だったりグロい内容だったりで家の外ではしゃべれない内容のことが多いです。なんでこんな考えが本人の中に渦巻いているのか、私にはわからないのですが本人にも止められないようです。

子どものしたい話の内容が変われば、学校で友だちにも受け入れられるのに、また本人のストレスも軽くなるのに、と思うのですが、子どもの「グロい話（ゾンビになっても生き残るとか、自分が助かるためには人が死んでもよいとか）」をどうにかするには、どうアプローチすればよいでしょうか。

大嶋先生：母親が嫌がることをピンポイントでやっている、ということですね。

なんで子どもがそういうことをするかというと、嫌がらせではなくて、母親が「嫌だなぁ」とムカッとすると、それが電気ショックになって、子どもはそれに反応して、を繰り返す。脳に電気ショックが加わったときに、子どもがグロい話をするということ。親が反応すると子どもがそういう話をするということです。

子どもがグロい話をするのを止めたければ、子どもに「楽しみながらグロい話をしてね」と伝えるのがいいです。

グロい話、普通は楽しめないですよね？「グロい」と「楽しい」は真逆なので。「楽しみながらグロい話をしてね」と伝えることで、子どもは混乱します。

一貫してそう言い続けると、止まります。ダブルバインドをかけているんです。

Q16

これまで生きてきて、「これから自分が何をしたいのか」の夢がありません。淡々と生活をしているだけではもったいない、と思うようになりましたが、ではどのような生活が自分にとって幸せなのか、理想なのかのイメージがわかないのです。

現状がそれなりだからかもしれませんが……。

どのように老いて死んでいきたいのかもとくにないのですが、趣味や人付き合いを楽しみたいとも思います。これまではひとりで考えごとをしているのが好きなタイプでした。大嶋さんのサーフィンのような楽しみを見つけたいのです。


大嶋先生：現実的な人なんだよね。現実的で危険を冒さないというのが、一番良い生き方だと思います。そして、それを本人が認めてあげる必要があります。

本来は危険を冒さない生き方のほうが断然いいよね（笑）。夢を追ってる人というのは危険に満ち溢れています。他人から批判と非難もされるでしょ？

その危険を乗り越えてまで、自分が追いたいか・追いたくないかでいうと、相談者はたぶん追いたくないいんだよね。それを追う覚悟ができたら「夢」ができるから。

現実的だから安全。夢を追っていたら危険に満ち溢れています。だってサーフィンやったらケガするもん。ぶつかる可能性も大。

そういう危険を無意識がちゃんと抑えてくれてることを認めてあげると、無意識が行動の幅をもうちょっと広げてくれます。

Q17

自己肯定感を上げるために、本来の自分をイメージする手法の浮かんでくるイメージは、天使以外でも大丈夫ですか。

大嶋先生：どんなイメージでも大丈夫です。イメージする、ということ自体が無意識。非日常をイメージすることで無意識が働きます。

Q18

嫉妬は動物的反応ということですが、心理カウンセリングでカウンセラーとクライアントとの間でも起こりうると思います。そのようなときはカウンセリングはやめたほうがいいでしょうが、βーエンドルフィンで離れがたく感じたりするものでしょうか？

大嶋先生：クライアントの立場からすると、「自分がカウンセラーから嫉妬されるようなすごいものを持っている」ということ。

嫉妬されるということはつまり、「自分は相当優れた存在である」ということ。その証拠じゃない？　やればやるほどカウンセラーの素晴らしいものを吸い取っている。それを無意識にやっているんじゃないのかな。

カウンセリングをやめるかどうかは、そのカウンセラーに「カウンセラーから感じる嫉妬のこと」を話してみて、そのカウンセラーの反応を見てから決めればいい気がします。

Q19

親から嫉妬を受け、不自由を感じていた怒りがあるのですが、それを自分の娘にもやっていると思うと罪悪感が出てきます。どうしたらいいのでしょうか？

大嶋先生：やりません。自分がやられて嫌なことっていうのは意外とやらないもの。「虐待されていた人は子どもにも虐待してしまう」というのは、そういう暗示をかけられているだけ。

自己暗示、他者暗示……暗示はいろんなところに満ちています。それに触れてしまったらハマるけど、すぐ抜けられます。ただの暗示だから。

暗示にハマりたいですか？　ハマりたくないですか？

Q20

かさぶたを取るのがやめられません。どの呪文を唱えたらいいですか？

大嶋先生：かさぶた取るのがやめられない、という人はよくいます。ストレスから出る症状なんだよね。

そういうときは、「SLITRK1《エスエルアイティーアールケーワン》の還元」と7回唱えてみましょう。「SLITRK1」の遺伝子はストレスがたまったときに、衝動が抑えられないというイメージ。ストレス症状が抑えられない遺伝子コードを唱えると、ストレスが発散できます。

Q21

現在私は52歳。母とは共依存関係であり、やっと距離が取れるようになってきたら母が肺炎で入院。現在は、寝たきり状態。母の死と向き合うのが怖くなり、向き合っていくための遺伝子コードなど、ヒントがあれば教えてください。

大嶋先生：共依存関係の遺伝子は「MAPK1《マップケーワン》」と「HMOX1《エイチエムオーエックスワン》」。

「MAPK1の還元」または、「HMOX1の還元」と7回唱えるといいです。

たとえば自分が嫌いな人といっしょに住んでいたとしても、一緒にいた人が突然いなくなると喪失感はあります。

それで心を保っていたということ。「HMOX1の還元」と唱えると、お母さまが死にゆくところにあるっていうのを、そんなに感情を乱さずに自然に受けとめられます。まぁ、ある程度は悲しんだほうがいいんじゃないかと思いますけどね。

Q22

未来や過去に逃げてしまうことがある、ということですが、たとえばまだ来ていない未来を、あぁ、楽しみだなぁと考えることは、それも逃げになるのですか?

大嶋先生：本当は今を生きるが一番いいのだけど、なぜ未来のことを考えなきゃいけないかというと、今が嫌なんじゃないのかな?

今が不快なんだよね。不快なことをやっている証拠。

どんどん不快なことをやめればいいです。会社をいきなり辞めるということではなく、日々の不快なことをやめていけばいい。

「今日は仕事しない～」とか。そうすると自分の感覚が取り戻せて、今に集中できるようになりますよ。

Q23

夫が、家のこと（たとえば庭に何が植えてあるとか、昔起こったこと）を忘れていることが多くあります。いったい何が起こっているのでしょうか？
また、対処法を教えてください。

大嶋先生：結局夫は家について無関心なんだよね。だから、まず「夫と自分が同じレベルである」という幻想をやめたほうがいいと思う。夫は自分と同じ認識、思い入れを持ち合わせてない。そういうオプションがついてないということ。

自分とは別の人間なんだと認めて、夫を観察していくとおもしろいです。夫の観察日記を書くといいですよ、絵日記とか。

書くときは文句じゃなくて客観的に書きましょう。

「いつも忘れてばっかりで、最低！」ではなくて、「これを今日は覚えていなかった」とか。観察日記は夫が見えるところに置いておくとさらにいいです。

Q24

ＡＤＨＤの特徴がある子どもの母親です。彼のおかげでいろいろな発達障害のことを知り、かかわりを持ったりする中で、実は勝手に一番困っているのは、本人ではなく母親かもしれないと感じたりもしています。

心のことや催眠に興味を持って大嶋先生の本を読むうちに、子どもやその家族が楽になる催眠やスクリプト、暗喩等取り入れた物語を書いてみたいと思うようになりました。

催眠やスクリプトを学ぶにはどのような方法があるのでしょうか？

カウンセラーになりたいというわけではない場合、どのような学び方がいいのかアドバイスいただけると嬉しいです。


大嶋先生：海外のドラマとか映画を見て勉強するのがいいのではないかな？　推理小説的なものや刑事ものとか。

カウンセリングは推理するってことだよね。証拠集めっていうのは必要じゃない？

勝手な予測で物事は決められないっていうところが、実はカウンセリングと通じるところがあります。想像じゃなくて、客観的な事実でなければというところ。その事実を突き詰めるという。

海外のほうが描写は上手だから海外がおすすめ。あとは西洋文学を読むこと。西洋文学は「感情の統合」がうまい。おすすめは、パールバックの『大地』。あれは素晴らしい。人生が変わります。

あと落語もいいです。落語も一種の催眠だから。その場にないものをイメージさせるというのは催眠みたいなもの。

落語の上手な人の話を聞いていると、本当に催眠状態になります。まさにそこにその情景があるように感じます。

Q25

小学校2年生の娘は軽度の自閉症スペクトラム障害があります。マイペースで運動が苦手。おとなしくて、とてもやさしい子なので、ストレスフルな友人から嫉妬の攻撃をずっと受け続けています。言い返せずに、よくにらんでいます。

現在「ＳＨＡＮＫ３《シャンクスリー》の還元」（これを唱えると宿題がはかどるそうです）と「ＤＲＤ４《ディーアールディーフォー》の還元」を親の私が唱えていますが、他に娘が学校で不安なときに唱えられる暗示を教えてください。

また、体幹が弱いので、強くなる遺伝子コードも教えてください。余談ですが、娘が2年生になってから、「学校にいるときは透明なパパとママがいつもそばにいてくれるので、ひとりでも怖くない」と言っています。


大嶋先生：「学校にいるときは透明なパパとママがいる」というのは、「安心感」につながっているということ。両親の気持ちが伝わっている。それはすごくいいことです。

娘さんには「MAOA《マオエー》の還元」と7回唱えてもらうといいです。

MAOAは攻撃性の遺伝子。「子どもがよくにらんでいる」ということなので、この子はけっこう怒りがあるんじゃないかと思います。

やられたらやり返す、だと攻撃性が高くなっちゃう。

体幹が強くなる遺伝子コードは「ACTN3《エーシーティーエヌスリー》」。「ACTN3の還元」と7回唱えてください。それが体幹系。スポーツの遺伝子。スポーツが長けている人に共通する遺伝子です。

Q26

私は38歳ですが、年下の子たち（20代前半）の相談を受けることがあります。大嶋さんの本をおすすめしたいと心の中で思うのですが、これは万能感ですか？大嶋先生のブログに、相談をした時点で弱者になる、とおっしゃっていますが、相談に乗ることはいいですか？

何か気をつける点などありましたら、教えていただきたいです。


大嶋先生：相手が相談するという体でこっちに怒りをぶつけてきたりしますね。

本をすすめたいというのは、万能感ではないです。

「同じ世界を知ってほしい」という気持ちになるんだろうけど、通じないから大丈夫。同じ視点というのはありませんから。

こっちが本で変わったら絶対に嫉妬が起きてしまうから、相手が内容を受け入れられなくなってしまう。

私としては本を紹介してくれるのは有り難いのですが（笑）、「自分がこの本を読んで良かった！　変わった！」ということなら、相手はそれを読まないですね。なぜかというと相手が嫉妬するから。

自分が変わった本に関しては、相手はそれに対して卑下する傾向があります。

Q27

新しいアイディアが生まれる時間。ボーッとしたいのか、学習性無力症なのか大嶋先生の本を読んで、わからなくなってきました。
2つのちがいはどのようにわかりますか?

大嶋先生：ボーッとしてるときは頭がものすごく働いている、全体が働いているときだから、それをなんとかしようとしないことだよね。

学習性無力感と思うなら、「これは頭が働いている」という暗示をかけてしまえばいいです。

「頭がものすごく働いている、アイディアを生み出すバネになっている」と。焦らずにアイデアを待ってあげると、大きな発見が生まれてくるかもしれないです。

学習性無力感の場合は動きたくても動けない状態。僕の場合は動かないです。あえて動かないでボーッとする。

Q28

歌が好きで得意です。けれども、オーディションを受ける作業は意識的なので、進めていくと嫌になってきます。一方で、歌が大好きな気持ちは無意識です。この意識と無意識の兼ね合いに関して、どのように向き合えばいいですか？

大嶋先生：オーディションを受けたときの周りからの嫉妬ですね。嫉妬されることによる不快感を感じてる。それを「すごいね」って自分が思ってあげるのがいいです。自分が不快にならないオーディションだったら、無意識がゴーサインを出しているということ。そういう場合は行ってもいいんじゃないですかね？

Q29

犬（チワワ）を飼っています。自分と犬の関係改善（悪くないですが、犬がワガママ気味）に先生のメソッドを使える気がしています。もっと犬とうまくやっていくためのヒントがあれば教えてください。

大嶋先生：犬の場合は、ボスが誰かということをしっかり示す必要があります。犬の意識のままに、というよりも犬を繋いでいる自分自身が無意識なままに、ということ。

犬の無意識を優先しないように。

Q30

「認知症」の方と接する上で、何かアドバイスをいただけますか？

「若年性アルツハイマー型認知症」の母がおり、おもしろいくらいに私たちの言葉をきっかけにスイッチが入り、暴れ出したり、かと思えば何を言っても反応しなかったり……。

先生の著書と出会ったきっかけは自分の悩み解決のためだったのですが、いろいろ読ませていただいているうちに、母の機能が低下してしまった脳内にもなにかうまく反応する「言葉」があったりするのでは？と思い質問させていただきました。

大嶋先生：認知症の人はけっこう発作が起きやすい。発作が起きると「せん妄状態」といっておかしな行動に出ます。「母親のせん妄状態が出る言葉」を、この相談者は的確につかんでると思います。つまり、何を言っても反応しなくなるのは、「発作が起きたときに反応しなくなる」という発作状態だよね。暴言を吐くのも発作状態。
これを止めるのが「リスペクトすること」。相手をほめるのがいい。そうすると前頭葉が活性化するから効果があるんです。

そこで気をつけなきゃいけないのは、相手をほめるときの言葉使い。

認知症の方に対して、「すごいねー」と、つい若干上から目線でほめてしまうことがあります。

すごい「ね」は敬語じゃありませんよ。敬語を使っていないと反応するので、ほめるときは「素晴らしいですね」と敬語を使うように気をつけてください。

Q31

先生のご著書をいろいろと拝見していると、興味深い遺伝子コードがいっぱい出てくるのですが、読み方がわからないものが多くあります。こういった遺伝子コードの読み方を知る方法を教えてください。

大嶋先生：正しく読めなくても大丈夫です。基本的にアルファベット読みで、読みやすいように読んでください。

Q32

スクリプト（暗示）が7回セットである意味はなんでしょうか？

大嶋先生：聖書には次のような話があります。

とあるバビロンの将軍は皮膚がただれてしまう感染病にかかりました。バビロンの将軍はイスラエル人の奴隷からエリシャ（イスラエルの預言者）のところに行けば治ると言われ、そのとおりに行きました。エリシャの家に着くと、エリシャの弟子が出てきて、「そこのヨルダン川で7回浸かりなさい」とだけ言い、ドアがぴしゃっと閉じられてしまいました。

そこで「バカにしやがって」と思って、帰ろうとしたら、先ほどの奴隷がぜひやってみてくださいと言うので、しぶしぶ浸かってみることにしました。

そして、6回浸かってもダメだったのに、7回浸かって上がったときに、赤ちゃんのような肌になっていたのです。

この話で言いたいことは、人はなんでも最初は「効かない」と思ってしまう、ということ。でもとにかく信じて7回唱えてみるという、そこがポイントになります。その7回が「完全数」で良いんです。

完全数、つまりキリスト教の神の数字と言われているのが「3」「7」「12」なんです。普通だったら信じられないことを7回試してやってみる。それに、7回ってけっこう長さもあって、唱えるのにちょうどいい。だから7回なんです。

普通は7回って言っても効かないと思いますよね。とりあえず試しでやってみる。それでどうなるかって見てみると、おもしろいことが起きるかもしれませんよ！

Q33

飛蚊症とかアレルギーに効く暗示の言葉が知りたいです（とくに飛蚊症）。

大嶋先生：「７Ｄ４０ＬＧ《セブンディーフォーティーエルジー》」。これが飛蚊症とアレルギー両方の遺伝子です。「７Ｄ４０ＬＧの還元」と7回唱えると、視点がそこに注目しなくなり、反応しづらくなります。「飛蚊症が治る、アレルギーに効くはず」と予測して唱えるのではなくて、「何が起きるかな」と楽しむような感じで、唱えて試すといいですよ。

Q34

やってはいけないと思ったことをやってしまうのを回避する、暗示の言葉が知りたいです。

大嶋先生：たとえば悪口を言ってはいけない、愚痴ってはいけない、と思っても、ついつい言ってしまうことがありますよね。こういう場合は、「常識的に生きる」と唱えたらいいのではないですかね。これは、手法でいうと「逆説」。「常識的に生きたい」わけでしょ？

そうすると、反対に「常識的に生きられない」っていう思いが、必ず出てくる。それなら、逆に「常識的に生きる」と唱えるといい。反動で「常識的に生きたくない」と思うから。そうすると、生き方にもう少し幅ができる。

やっちゃいけないとは思わなくなってラクに生きられるようになります。

Q35 自分の思いが相手に影響を与えるのを回避する、暗示の言葉が知りたいです。

大嶋先生：そういう場合は、「無意識の力を信じる」と唱えてみましょう。良いこと悪いことってあるけど、みんなの無意識がみんなにとって一番良い方向に進めてくれるから、みんなは悪い方向にいかないってことだよね。

無意識の力がちゃんとみんなに備わっています。みなさんの無意識の力を信じましょう。

Q36

同じ暗示の言葉をずっと唱えていても、暗示の効果は続くのでしょうか。

大嶋先生：唱えているうちに飽きてきたら、「インストールされた」と思えばいいです。たとえば「自我防壁！」という暗示を唱えているうちに飽きてきた場合、ちゃんと自分と人との間に自我の防壁ができているということです。

Q37

パソコンやテレビなどの電磁波は体に良くないですか。もしそうなら電磁波の影響を受けない暗示の言葉を知りたいです。

大嶋先生：人からの嫉妬を電磁波だと思ってしまっているだけですね。嫉妬をエネルギーに変えればいい。「不快だな」と感じたら嫉妬をエネルギーに。人からの嫉妬も電磁波みたいなもの。それを「電気製品の電磁波じゃないか」みたいな感じになる。人からの電磁波じゃなくて嫉妬だよ、ということ。

くと、どんどん美しくなっていきます。

「GABRG2《ギャバーグツー》の還元」と7回唱えてみるといいかも。嫉妬をエネルギーに変えてい

Q38

勉学も仕事も中途半端、離婚をして人間関係も失敗……のダメ人間なのに、今いる場所、環境、人間関係、仕事場……すべてに違和感を感じています。身分相応を見極められない愚か者なのか、〝万能感〟なのか、嫉妬の攻撃、学習性無力感などで閉じ込められてきた本当の自分の叫びなのか……判断がつきかねています。どう判断すればいいのでしょうか？

大嶋先生：地球はすべてあなたを中心に回っています。勉学も仕事も必要ないものはすべて省いて、不快な人間たちはあなたの周りから消えていきます。「自分を中心に回っている！」という万能感。そして、すべて自分の都合のいいように、ことが起きる、というおもしろい見方がこの方の中にあるような気がしています。

もっと無意識の力を信じてあげればいい。無意識が一番良い方向へ導いてくれるという捉え方をしたほうがいい。このケースの場合、中途半端だと感じているということ

とですが、なんでも極めちゃうとそこから逃げられなくなりますよね？

中途半端にしているからこそ自由がある。たとえば、離婚しなかったら人間関係に支配されるということ。つまり、無意識のうちに自由になる方向へ選んでいるんです。

自分で判断できない、というのは、無意識を信じていないということ。無意識を信じてあげると、気づかないうちに自由を選択してくれます。無意識は一番ベストな選択をしてくれているんです。

その選択を快く受け入れなくて大丈夫です。無意識は何かやってくれているんだけれど、自分ではよくわからない。ただ心にとどめとくだけでいいです。

中途半端と感じているということだけど、無意識がどんなことを自分に見せてくれるんだろうと楽しんでいけばいい。必ず無意識が良い方向に持っていってくれる。

あとで振り返ったらわかる日が来ます。無意識を信じていたら。

Q39

「つわりについてどのような理解があるとよいか」、また「つわりの軽減方法」や妊娠期間（出産、子育て全般）を快適に過ごすためのアドバイスがあれば、ぜひお願いします！

最近の若い人たちは気持ちが弱いからか、つわりがひどい、というお医者さまもいらっしゃって不快な経験をしました。妊娠中はとくに気弱になるというか、普段気にならない小さなことが気になってしまいます。

大嶋先生：気持ちが弱いからつわりが起きてるわけではないです。つわりが起きているときは、「発作」みたいな感じなんです。ホルモンのバランスでつわりが起こるのだけれど。

では、つわりを止めるにはどうしたらいいか？

それは、鼻に意識を向けること。すると、緊張ホルモンが分泌されます。緊張ホルモンが分泌されると、発作が起きにくくなります。

Q40

嫉妬の本の中で、嫉妬をされないために「弱みを見せない」ということがキーワードになってくることは理解したのですが、大嶋先生がたまにブログ等で書いていらっしゃる「自分をさらけ出す」と少し矛盾を感じてしまったのですが、そのちがいについて教えていただけますか？

大嶋先生：嫉妬されないためには弱みを見せない。だけど、嫉妬をエネルギーに変えるためには弱みを出したほうがいいと思います。
嫉妬されると、自分のほうが上の立場になる。そうしたら「自分のほうが上なんだ！」と、思い直せばいい。すると、嫉妬がエネルギーに変わります。

Q41

大嶋先生のワークをやる中で、すごく自由になって、体調も良くなって、堂々と振る舞えるようになりました。しかし、良くなったら、自分の友だちが軒並み離れていってひとりぼっちになってしまうのでは？と、さみしい気持ちになるときがあります。

これは嫉妬されている、新しい人間関係をつくる過程と思っていいですか？


大嶋先生：人間関係を必要としていないということ。本来の自分になってきているから必要なくなる。さみしさは感じていないです。そのさみしさは自分のものじゃない。

みんな仲良くしていて楽しそうって思うじゃない。

あなたが楽しそうって思っている人たちが孤独なんです。「楽しそうだな、みんな」とその集団を見ていると、さみしさが出てくる。

誰も見なかったら、そのさみしさは出ないんです。誰かをイメージして楽しそうだなと思うことで、自分は楽しくないってさみしさを感じる。

実際は楽しそうにしている人たちのほうがさみしさを感じているのです。孤独の部位は「背側縫線核《はいそくほうせんかく》」というところが関係しています。

孤独の部位が活発になると、社会性が活発になる。だから逆にみんなでうまくやっている人たち、グループを組んでいる人たちは社会性が高い人たちでしょ？　そうなると孤独感が強い。

孤独だからみんな群れているだけなんだよね。その人たちは孤独ということ。

もし、その人たちが必要なくなったというのであれば、自分の孤独が消えてきていること。けれども、その人たちに注目すれば、当然相手から伝わってくるから孤独感がある。

その人たちは孤独には見えないかもしれないけど、そうじゃない。逆です。孤独に見えない人たちが孤独なのです。

Q42

「嫉妬をエネルギーに変える遺伝子のコード」があったら、教えていただけたら幸い

です。

大嶋先生：「SQSTM1《エスキューエスティーエムワン》」。これはてんかん発作の遺伝子。相手からの電気で固まらなければエネルギーに変えられます。「SQSTM1の還元」と7回唱えましょう。

Q43

英語での指示について。他人への指示は聞き取れるのに、いざ自分が注意されると聞き取れず、変なことをしてしまうか、聞き取れてもその通りできません。どうしたら聞き取れるようになりますか？

大嶋先生：これも「SQSTM1の還元」と7回唱えるといいです。

なぜかというと、英語の場合は、日本語に頭の中で翻訳している場合があるから「失読」でいいのです。「失読」の問題だから。

SQSTM1はてんかんの遺伝子でもあるし、失読の遺伝子でもある。この遺伝子があると読めなくなります。他人が指示されているときは聞き取れる。

それは他人が読んでいるのが人を介して自分に伝わってくるから。

自分が直接言われると、自分の脳で変換しなきゃいけないから読めない。

「ＳＱＳＴＭ１の還元」と唱えることで、失読の問題が解消され、頭の中で文字が読めるようになります。ぜひ唱えてみてください。

Q44

人生で、どうしてもやりたい仕事があるとき、どうすればいいですか？

大嶋先生：「ＴＲＰＣ５《ティーアールピーシーファイブ》の還元」と7回唱えましょう。

「ＴＲＰＣ５」は今を生きる遺伝子。「今を生きている」とチャンスは自ずと向こうからやってくる。スピリチュアル的に言うなら、「引き寄せの法則」ですね。

「ＴＲＰＣ５」は動作性と言語性に関連する遺伝子。

ここがうまくいっていないと、人のことばっかり考えてしまって、自分のことを考えられなくなります。自分と人との積み上げができない。あとは時間という観点から見ると、将来と過去に削られていって、今を生きられていない。

今を生きられるようになれば、おのずと向こうからチャンスがやってきます。

「ＴＲＰＣ５の還元」、おすすめです。

Q45

人がいるところでおならが出ないようにするにはどうしたらいいか、暗示などがあれば教えてください。

大嶋先生：あるんだよね。けっこう笑えないんだよね、本当にある。「BDNF《ビーディーエヌエフ》の還元」と7回唱えましょう。「BDNF」の遺伝子は、やってはいけないことをやってしまう。思えば思うほどしちゃうから、出ちゃう。逆になっちゃう。「BDNFの還元」と唱えると、やっちゃいけないと思わなくなる。そうすると気にならなくなります。

Q46

胴長短足や足の形が治るにはどうしたらよいですか。

大嶋先生：足が太い遺伝子は「GNRH1《ジーエヌアールエイチワン》」だけれど、胴長短足には「DONSON《ドンソン》の還元」。これは胴長短足の遺伝子。この遺伝子があると胴長短足になります。

これを治すのが「DONSONの還元」という暗示。治るかわからないけど、7回唱えてみてください。

Q47

娘が軽度発達障害（自閉症スペクトラム障害）です。最近、衝動が抑えられない（ＡＤＨＤ）の傾向が出てきました。ＡＤＨＤに効く遺伝子コードや暗示はありますか？

大嶋先生：「ＣＡＣＮＡ１Ａ《カクナワンエー》」という遺伝子が影響してそうですね。これは簡単にいうと、計算ができない遺伝子。時間的な計算とか優先順位の計算とかそういうのができないから衝動が抑えられないということ。

あともうひとつはお母さんと引き離されてしまうのではないのかな、という怖さも持っている。お母さんとの距離感の計算もできていない。

「ＣＡＣＮＡ１Ａの還元」と7回唱えると、計算ができるようになって落ち着きます。

Q48

頭の中で不快な妄想を繰り返します。その妄想では必ず両親が加害者で私が被害者になって、ひどいことを言われて、傷ついたり憎んだりするのですが、それが必ず生理前に起こります。

20年以上もずっとそうで、あまりにも正確に生理開始の3日前くらいからその妄想が激しくなり（止まらなくなり）、スッと妄想が消えると生理が始まっているので、おもしろいほどです。また、平時はいろいろな不快妄想がめぐりますが、生理前だけは必ず両親に関する妄想です。

明らかに何らかのホルモン、または体温がエンドレス不快妄想に影響していると思うのですが、何か関連性について思い当たることがありますか？（大嶋先生のおかげで普段の不快妄想地獄はほとんどなくなりましたが、この生理前のだけは止まりません！）

大嶋先生：普通にホルモンは関係していますね。両親へのスクリプトを作ってみたらどうでしょう？　親に関する妄想が出てしまうということでしょ。妄想が膨らんでいるのを利用して、両親たちがどうやったら、何を読んだら落ち着くかっていうようなことを考えてみましょう。

とにかく両親との関係がこのホルモンの乱れと関連しているし、ここらへんを試してみたらどうかな。

Q49

以前ブログに書かれていた「シナプスの刈込み」の話が、事実としてもスクリプトとしても本当におもしろかったです。このシナプスの刈込みと認知症・アルツハイマーについて、関連性があればお話しいただきたいです。

大嶋先生：認知症は、「せん妄」と「アルツハイマー」という2つのケースがあって、「せん妄」の場合は、発作が頻発する。逆にシナプスが刈り込まれていない、もじゃもじゃの人のがせん妄を起こすみたいな感じ。アルツハイマーの場合はどんどん少なくなる。

これは、あくまでも医学的なものではなくて、ぼくら心理家の考え方です。シナプスが減ってくるのが全部認知症ということではないです。

いろんなことを考えすぎて、発作を起こして、せん妄の世界、記憶が飛んでしまったりする、とかそういうことも起こり得るよねということ。シナプスが減っていくからダメになる、というわけではないです。

Q50

今は完璧主義の日本の民族性が、良くも悪くも、日本人の首を締めていると思います。時代の変化が急激に進む今、社会が適温を下回り、生きづらくなってしまった中、人間はいつまで「人」として生きることができるのでしょうか。
大嶋先生はどうお考えですか?

大嶋先生：たぶん、社会が破綻したら人間は「本質的な自分」で生きなくてはいけないんだよね。社会が破綻しないかぎり、偽の自分で生きられる。でも偽が悪いというわけではなくて、偽の何かがエネルギーをつくり出しているわけだよね。本質的な自分で生きるときは社会がカオス状態になっています。

だから、どっちが「人」かって話ですよね。嘘をついているのが「人」なのか、本質的に自分に生きているのが「人」なのかという話になるでしょ。精神的なことを求める人はやっぱり本質的な自分に生きろ、と言いますね。それを実現できるのはカオスな世界。だから、ある意味、偽の自分で生きられる社会こそが豊かな社会。

偽の自分で生きていること自体はムダなことではなくて、社会にちゃんと貢献してるということです。

今が幸せな世の中であるかどうかはわからないけど、豊かであるのはたしか。もしあなたが生きづらいなら、「本当の生き方」をしたいということ。

そういう生き方をしたければ、カオスが起こるしかないけれど、今の生きづらい世の中でも本質的に生きようとするのであれば、無意識の力を信じて生きるということが一番の近道です。無意識はいつも本質なんだよね。

「世の中の常識」というのが意識。常識が関係ないのが無意識。無意識に委ねれば、常識の世界からずれる。そうすると「本質の自分」がたぶん出てきます。

＊このQ＆Aはすばる舎のホームページで連載された、「大嶋信頼先生のお悩み相談室」を一部改変したものです。お悩みに対する見解はすべて大嶋先生独自の回答であり、効果を保証するものではありません。

おわりに

シャーロック・ホームズを書いたコナン・ドイルのすごいところは「ホームズの推理は間違っているけど、結果的には解決に結びついた！」という流れを描いているところなんです。本の中だから、推理が間違っている必要はないはずです。作者が全部トリックを考えているわけですから。

あのコナン・ドイルがホームズにわざと間違った推理をさせているのは、非常に意味があるのだと思います。

もし、ホームズの推理に対して、助手であるワトソンが「あ！　間違えたじゃない！」と嫉妬の発作を起こしてホームズを攻撃してしまったら、あの物語は生まれませんでした。

ホームズがどんな突拍子もない推理をしても、ワトソンは「そこに解決が必ず結びつけられる」と信じていたからこそ、結果は必ずすごいことになります。私も、まさにワトソンと同じ気分になっているのかもしれません。

ホームズ役のみなさんの脳と繋がって「呪文を唱える」とか「自己免疫」や「腸内細菌」とこれまでの心理学だったら、「そんなの間違っている！」と言われそうな推理から、おもしろい答えが次から次へと導き出されて不思議な解決方法が見出されていきます。

そして、ワトソンがホームズの物語を書き記したように、私はみなさんとともに歩んだ物語をこうして書かせていただいています。

みなさんの質問はホームズがワトソンにかけた問いかけ。そこから、素敵な冒険が始まります。

私は、みなさんの冒険にどこまでもついていきたいと思っているんです。ペンを握りしめながら。

〈著者紹介〉

大嶋信頼（おおしま・のぶより）

◇－心理カウンセラー／株式会社インサイト・カウンセリング代表取締役
米国・私立アズベリー大学心理学部心理学科卒業。

ブリーフ・セラピーのFAP療法（Free from Anxiety Program）を開発し、トラウマのみならず多くの症例を治療している。

アルコール依存症専門病院、周愛利田クリニックに勤務する傍ら東京都精神医学総合研究所の研究生として、また嗜癖問題臨床研究所付属原宿相談室非常勤職員として依存症に関する対応を学ぶ。

嗜癖問題臨床研究所付属原宿相談室室長を経て、株式会社アイエフエフ代表取締役として勤務。「どんな人でも心の傷があり、その人が認識していない心の傷でも治療することで、もっと自由に生きることができるのではないか？」と心的外傷治療に新たな可能性を感じ、インサイト・カウンセリングを立ち上げる。

「自由に生きられるようになるということは、生活の中で的確に自己主張ができるようになり、より幸せな人生を選択できるようになること」と考え、多くの人が自由に生きられることを目指し、治療を行っている。

カウンセリング歴25年、臨床経験のべ9万件以上。

◇－著書にシリーズ累計30万部突破の『「いつも誰かに振り回される」が一瞬で変わる方法』『「すぐ不安になってしまう」が一瞬で消える方法』『消したくても消せない嫉妬・劣等感を一瞬で消す方法』『マンガでわかる「いつも誰かに振り回される」が一瞬で変わる方法』『マンガでわかる「すぐ不安になってしまう」が一瞬で消える方法』（以上、すばる舎）、『ミラーニューロンがあなたを救う！』『支配されちゃう人たち』『無意識さんの力で無敵に生きる』『それ、あなたのトラウマちゃんのせいかも？』（以上、青山ライフ出版）、『催眠ガール』（清流出版）などがある。

あなたの才能があなたを苦しめる

2020年8月7日　第1刷発行

著　者――大嶋信頼

発行者――徳留慶太郎

発行所――株式会社すばる舎

東京都豊島区東池袋3-9-7 東池袋織本ビル　〒170-0013

TEL　03-3981-8651（代表）　03-3981-0767（営業部）

振替　00140-7-116563

http://www.subarusya.jp/

印　刷――ベクトル印刷株式会社

落丁・乱丁本はお取り替えいたします

ISBN978-4-7991-0887-1